中華書局

# 大乘起信論導讀

陳紅兵 著

# 凡例

本書《大乘起信論》原文參考《大正藏》版本：所用底本為《高麗藏》，參校本有增上寺的宋藏（《思溪藏》），後文簡稱「宋本」；元藏（《普寧藏》），後文簡稱「元本」；明藏（《嘉興藏》），後文簡稱「明本」；宮內省圖書寮的北宋本一切經（《崇寧藏》、《毗盧藏》的混合本），後文簡稱「宮本」；金藏（《趙城金藏》），後文簡稱「金本」。

《起信論》原文沒有章節標題，為方便讀者閱讀理解，本書參考印順法師《大乘起信論講記》列出二到三級標題，並盡量以符合當代語境的方式表達。

本書的分節，一是根據《起信論》各章節大意，二是如果某章節的內容過長，則分為若干內容適中的段落分別注釋、翻譯。

本書注釋部分以注解為主，部分校對內容放在注釋中，不再單列。

為方便讀者參閱，正文後附錄實叉難陀譯《大乘起信論》原文，章節劃分同真諦譯《大乘起信論》正文。並附主要名相術語梵文原文，供有需要的讀者參考。

# 目錄

# 導言

《大乘起信論》（以下簡稱《起信論》）是對中國佛教發展影響巨大的大乘佛教論書，該論對大乘佛教修行的依據、途徑、因緣條件、修行方法等做了系統而精要的闡述，在中國佛教史上，長期以來被視作大乘佛教的入門教材。隋唐宗派佛學特別是華嚴宗、禪宗、天台宗的思想都深受其影響。

## 一《大乘起信論》的作者和譯者

關於《起信論》的作者、譯者，雖然日本、中國學者在二十世紀一度辯論其真偽，但佛教界、學術界一般肯定該論的作者是印度的馬鳴菩薩，而該論梁譯本的譯者是真諦，唐譯本的譯者是實叉難陀。我們這本書所用的底本是真諦的梁譯本。

### （一）作者馬鳴菩薩

因為印度文化不重視歷史，缺乏明確紀年的史書，所以關於本書作者馬鳴菩薩到底生活在哪個時代，歷來眾說紛紜，概括起來竟有近十種之多。《摩訶摩耶經》中提到關於馬鳴菩薩於佛滅度後六百年出世的預言。真諦所譯《婆藪槃豆（世親菩薩）傳》中說馬鳴菩薩是佛滅度後五百年時人。佛教界、學術界一般將佛滅度後五百年左右即公元一、二世紀的馬鳴菩薩，視為《起信論》的作者。

根據《馬鳴菩薩傳》、《付法藏因緣傳》等記載，馬鳴菩薩約於公元一、二百年出生於中天竺捨衛國（現印度西北部拉普地河南岸）婆枳多（摩揭陀）城，本來是外道的出家人，非常聰明，擅長辯論。他曾遊歷各地與人辯論，沒有人能夠辯過他。據說他曾宣稱，如果僧人不能辯過他，就不能擊犍椎[1]召集僧眾舉行法會，不能接受在家人供養，令佛教僧人非常沮喪。後來，佛教有脅尊者（《付法藏因緣傳》中說是脅尊者的弟子富那奢）從北天竺來與他辯論，戰勝了他。馬鳴菩薩因此拜脅尊者為師，皈依佛教。

在那之後，馬鳴菩薩精通佛教眾多經典，通曉佛教修行和度化眾生，廣泛宣揚佛法，深受佛教信眾敬服，並且受到中天竺國王的優厚待遇。馬鳴菩薩擅長音樂、文學。傳說他曾作妙樂《賴吒啝羅》，自己擊鐘鼓，調樂器，彈奏出來的樂曲哀傷和雅，曲調優美。他以此演說佛教，許多人因此出家。又傳說他創作過許多讚頌，其中《佛本行詩》影

---

1　犍椎：意為聲鳴，指寺院的木魚、鐘、磬之類，「有聲能集眾者皆名犍椎也。」

響廣大，印度本土及南海諸島沒有不學習諷誦的。

後來北天竺小月氏國迦膩色迦王從北印度崛起，征服四方，進攻摩竭陀國，摩竭陀王戰敗，不得不向迦膩色迦王求和。迦膩色迦王索款三億金錢，摩竭陀王無力支付。迦膩色迦王於是說：你國中有一佛鉢、有一辯才比丘馬鳴菩薩，可以獻上來，各抵一億金錢。摩竭陀王對馬鳴菩薩頗有吝惜之意。馬鳴菩薩安慰他說：教化天下的生靈，哪用選擇什麼地域呢？佛光普照眾生，國王之德亦濟度眾生，這都是大乘佛教的精神。國君的教化往往局限於一個國家，但弘揚宣傳佛教，則能成為四海的法王，陛下又何必只看眼前呢？因此摩竭陀王聽從了馬鳴菩薩的說法。馬鳴菩薩因而到北天竺廣宣佛法，受到迦膩色迦王的優待，人們尊稱他為「功德日」。據說在他宣說佛法的時候，聽的人沒有不開悟的。甚至連馬都垂淚聽法，甚至七日不食。據說迦膩色迦王為試馬鳴菩薩辯才，先使馬斷食七天，然後給食，同時讓馬鳴菩薩說法，那馬竟然不求食而聽說法，悲鳴不絕。因為馬能聽懂他宣講佛法，所以他被人稱為「馬鳴菩薩」。

馬鳴菩薩還曾被邀請參加罽賓國（今克什米爾）舉行的《大毗婆沙論》結集大會，擔任著文，經十二年，編纂完成《大毗婆沙論》。

## （二）梁譯本譯者真諦

《起信論》的譯者真諦（四九九—五六九），與鳩摩羅什、玄奘、義淨並稱中國佛教史上四大翻譯家。真諦是西印度優禪尼國人，少年時非常聰明，曾遍訪名師，對佛教內外的修行和學問都有學習，對大乘佛教尤為精通。立志周遊諸國，弘揚佛法。後來到達扶南國（今柬埔寨），正好碰上梁武帝派使者到扶南國訪請高僧大德及大乘佛教經論，扶南國王因此與真諦商量，請他攜帶經論去梁國。真諦素聞梁武帝崇奉佛教，梁國名僧濟濟，可以弘化佛教，因此欣然前往。

五四六年，真諦帶着梵本佛教經論二百四十夾，隨使者抵達廣州，隨即翻山越嶺，走走停停，經兩年抵達當時梁朝都城建康（今南京），受到梁武帝的禮遇，被安置在華林園寶雲殿，準備翻譯佛經。但因當年侯景叛亂，京城陷落，武帝被囚。真諦只得離開建康避難，於五五〇年到達富春（今浙江富陽）。富春縣令陸元哲將其迎住私宅，並為他召集僧人寶瓊等二十餘人，佈置譯場翻譯經論。先後譯出《十七地論》、《中論》、《如實論》等經論。不久因世亂中止。後梁元帝即位，真諦遷住建業正觀寺，與願禪師等二十餘人，翻譯《金光明經》。此後因梁皇室內爭不斷，戰亂頻繁，他輾轉於江西、廣東、福建等地，在顛沛流離之際，隨地翻譯、講説佛教經論，先後譯出《彌勒下生經》、《仁王般若經》、《中論疏》、《大空論》、《中邊分別論》等。

至陳天嘉三年（五六二），經論翻譯告一段落，此時，真諦已是六十三歲老人，因長期僻處寂寞蕭條之地，考慮到在中土的境遇與自己初衷相差太遠，自己弘揚大乘經論的壯志難酬，因此想離開中國，另覓理想的弘化之地，於是這年九月，他泛海西行，準備回國，後因遇大風，十二月間又漂回廣州。廣州刺史歐陽頠請他為菩薩戒師，迎住制旨寺。

這一時期跟從真諦學習、翻譯經論的僧人，有僧宗、法準、僧忍、慧愷、法泰、智敫、道尼等，還有曹毗等在俗弟子。他們有的是從晉安追隨真諦來到廣州的，有的是特地從建康翻山越嶺前來廣州相從的，還有一些是廣州附近州縣前來問學的。他們中不少人已經是很有成就、享有盛譽的義學宗匠，慕真諦的道德學問，不憚艱辛，遠來相尋。他們的到來，給予真諦很大的精神安慰，對真諦的譯經事業有很大的促進作用。

真諦的專長是無著、世親傳下的唯識系《攝大乘論》，對該論的譯傳也是其來中土的主要目的。但在此前因為戰亂頻仍，一直未能如願。這一時期，他終於有了一個比較安定的環境。五六三年，應慧愷、歐陽頠等之請，真諦開始翻譯《大乘唯識論》、《攝大乘論》及世親釋，並撰《攝大乘論義疏》。五六四年，譯出《俱捨論》。《攝大乘論》、《俱捨論》是印度佛學史上劃時代的名著，是對之前大小乘學說的總結。真諦本人對《攝大乘論》、《俱捨論》非常重視，對於兩論的翻譯質量也很滿意。他曾對其得意弟子慧愷說：如果我能更早得到你的幫助，那麼我的翻譯成績就沒有什麼缺憾了。儘管如此，現在能譯出兩論，詞、理圓備，我也死而無憾了。此時，僧宗、慧愷等想請真諦回建康弘傳《攝大乘論》，但建康的僧侶害怕真諦回來，會影響他們的聲譽，因此向皇帝進讒言，陳朝皇帝偏愛般若學，推崇三論，因此沒有請真諦回建康。

五六八年，慧愷代真諦講《俱捨論》，在八月還沒有講完半部的時候，得病去世。真諦非常哀痛，他擔心慧愷去世後，《攝大乘論》、《俱捨論》從此無人弘傳，因此專門召集道尼、智敫等弟子十二人，勉勵他們誓願弘揚這兩部論典，不致斷絕。慧愷去世後，真諦續講《俱捨論》，講到第五《惑品》時，因生病停講，至第二年（五六九）正月十一日圓寂，終年七十一歲。

真諦去世後，其弟子散佈於嶺南、九江、湘郢、建康、江都（今江蘇揚州）、彭城（今江蘇徐州）、長安等地，不屈不撓地弘闡《攝大乘論》，學習、宗奉該論的人逐漸增多，影響擴大，終於形成攝論學派。

關於《起信論》的翻譯，歷來記載不一。隋代法經所編《眾經目錄》中將《起信論》列入「眾論疑惑部」，云：「《大乘起信論》一卷，人們說是真諦翻譯，但校勘真諦譯經目錄沒有此論，因此放入疑惑部。」後來，費長房《歷代三寶記》稱此論為真諦於梁太清四年（五五〇）在富春陸元哲宅譯出。《起信論》智愷序稱真諦於梁承聖三年（五五四）

衡州始興郡建興寺譯出。佛教界一般認同後一種說法。

## （三）唐譯本譯者實叉難陀

《起信論》唐譯本譯者實叉難陀（六五二—七一二），是于闐（今新疆和田）人。武周時，武則天派人去于闐求取完備的梵本《華嚴經》，並聘請翻譯的人。實叉難陀應聘攜帶廣本《華嚴經》梵本來到洛陽。於六九五—六九九年間，同菩提流支、義淨、復禮、法藏等，重新翻譯，是為唐譯八十卷《華嚴經》。之後又曾翻譯《大乘入楞伽經》、《文殊師利授記經》。七〇四年，以母老求歸，朝廷派御史霍嗣光送他回到于闐。唐中宗時再度應邀來長安，尚未翻譯即患病去世。

關於實叉難陀重譯《起信論》的時間、地點，《新譯大乘起信論序》記載說，《大乘起信論》是于闐三藏法師實叉難陀攜梵本到中土，又從長安慈恩寺塔中找出《大乘起信論》舊梵本，同僧人弘景、法藏等，於武周聖歷三年（七〇〇）在授記寺，在譯完《華嚴經》之後譯出的。但關於實叉難陀是否重譯過《起信論》，後人也有持懷疑態度。

## 二 《大乘起信論》的主要內容

在這裏，我們在簡要介紹《起信論》的總體結構基礎上，對該論的主要內容作一大體介紹。

### （一）論文總體結構

《起信論》包括因緣分、立義分、解釋分、修行信心分、勸修利益分五個部分。

第一部分因緣分，說明撰寫此論的主要目的是為了讓眾生脫離一切煩惱痛苦，證得涅槃解脫之樂，讓眾生正確理解如來的根本義理，對大乘佛法生起信心，幫助眾生消除妨礙修行的障礙等。

第二部分立義分，主要闡明大乘佛法的要義。論文強調眾生心是大乘佛法的根本，是諸佛菩薩修行成佛的依據。眾生心包含心真如和心生滅兩個方面。關於「心真如」的內涵，蕭萐父先生稱之為「真如理體」，印順法師稱之為「真如平等性」。要之，「心真如」蘊含兩方面含義，一是指心本體，即眾生心的本來存在狀態，或曰「真心」；二是強調對待生滅現象平等無差別的心態。《起信論》認為，眾生心具足如來的一切功德性，能夠生起一切世間出世間的善惡因果。

第三部分解釋分，是對大乘佛法要義的詳細解釋，占論文內容的四分之三。本部分又分顯示正義、對治邪執、分別發趣道相三層意義。

顯示正義部分，主要解釋一心二門的心真如和心生滅兩方面。關於心真如主要從如實空、如實不空兩方面解釋其意義。關於心生滅主要說明阿賴耶識是依真如而有的生滅心。又從覺和不覺揭示阿賴耶識與一切事物、現象的關係。覺主要是從修行覺悟的過程說明覺悟的內涵及其層次。不覺則主要解釋眾生心妄染的不同層面及其本質。論文還分別論述了染法熏習和淨法熏習在眾生心妄染生起過程和覺悟過程中的作用。

對治邪執部分，主要解釋邪執的內涵及修行糾正的方法。邪執分為人我見和法我見兩方面。論文分別闡述了人我見、法我見的具體內涵及修行糾正的方法。

分別發趣道相部分，解釋眾生發無上菩提心的三個層次，分別論述了信成就發心、解行發心、證發心的內涵及修行成就的方法。

第四部分修行信心分，主要論述初學大乘佛法的眾生如何修習信心。對大乘佛法的信心包括對真如和佛法僧三寶的信心。修行信心的方法包括佈施、持戒、忍辱、精進、止觀五種法門。《起信論》認為，修行的根本成就即是與真如心相應，也即是「信心」的根本內涵。所以其所謂「修行信心」即是其關於佛教修行目標、修行根本的闡述。

第五部分勸修利益分，主要論述受持此論、修行大乘佛法的利益。

## （二）眾生心：修行成佛的依據

《起信論》以眾生心為大乘佛法的根本，認為眾生心是「一切諸佛本所乘故，一切菩薩皆乘此法到如來地故」，意思是說，一切諸佛菩薩都是依眾生心而修行成佛。

眾生心之所以能作為一切諸佛菩薩修行成佛的依據，是由眾生心的本性、功德、作用決定的。《起信論》認為眾生心包含心真如和心生滅兩個方面，具有體大、相大、用大三層意義。所謂「體大」，即是一切事物、現象的本源，一切眾生、一切事物現象內在的性體是平等無差別的，真如心體在眾生那裏沒有減少，在佛那裏沒有增多。所謂「相大」，是說眾生心是具足無量功德性的如來藏，意思是眾生心本身蘊含有如來所具有的無量清淨圓滿的功德。所謂「用大」，是說眾生心能生起一切世間出世間的善因果。也就是說，人天福報、修行成佛都依眾生心而生起。正是從這些意義上，《起信論》說眾生心圓滿具足修行成佛的本性、功德、作用，是眾生修行成佛的依據。

《起信論》還揭示心真如包含如實空和如實不空兩層意義。所謂「如實空」即是說真如心體從來就不與一切染污事物、現象相應，遠離一切虛妄心念和一切事物現象的差別形相。所謂「如實不空」是說真如心體真實無妄，常恆不變，圓滿具足一切清淨功德。因此，只要眾生能夠遠離一切虛妄心念和一切差別境界形相，就能隨順契入真如，與真如相應，發揮自心本有的清淨功德作用。

而所謂修行成佛則是通過眾生發無上菩提心，通過種種方便修行，通過佈施、持戒、忍辱、精進、止觀的修行，與真如心相應，最終實現自心的究竟覺悟。而所謂究竟覺悟即是遠離一切虛妄染着，體證原本清淨的圓滿智慧，發揮自心圓滿清淨的勝妙作用。可見，無論是修行成佛的過程，還是最終的究竟成佛，都是建立在眾生心的本性、功德和作用基礎上的。

## （三）修行覺悟的本質及層次

《起信論》從覺與不覺闡釋阿賴耶識與一切事物、現象之間的關係，認為一切眾生本來具有真如覺性，只是因為無明心動而有虛妄分別、執着。而修行成佛的過程，則是覺悟自心執着、分別、無明，不斷深化的過程。論文分別闡釋了覺悟的根源、本質、層次。

關於覺悟的本質，《起信論》說：「言覺義者，謂心體離念。」也就是說，所謂覺悟，即是遠離虛妄心念的心體，眾生本來具有覺悟本性，所以稱為「本覺」。而眾生之所以有煩惱痛苦，則是因為無明心動，對虛妄心境分別、執着，稱為「不覺」。而修行覺悟，遠離執着、分別、無明的過程，則稱為「始覺」。《起信論》認為，人之所以能夠修行覺悟，不是人為造作出來的，而是因為人本來具有覺悟的本性。

《起信論》又根據對執着、分別、無明的層層覺悟，將修行覺悟劃分為不覺、相似覺、隨分覺、究竟覺四個層次。「不覺」是凡夫的覺悟層次，凡夫能夠覺知妄念的息滅，即能夠覺悟之前妄念的生起，但是因為妄念生起時不能覺悟，所以稱為「不覺」；「相似覺」是二乘修行人及初發意菩薩等的覺悟層次，他們能夠覺知第六識意識對虛妄事相的分別、執着，了悟意識現象的虛妄不實；「隨分覺」是法身菩薩的覺悟層次，法身菩薩能夠覺知第七識末那識將阿賴耶識執着為自身恆常不變的自我，了悟我執的虛妄不實，認識到阿賴耶識本身的無住；「究竟覺」是佛的覺悟層次，是菩薩修行圓滿，與本覺相應，能夠覺照阿賴耶識生滅心的最初生起，了悟無明心動的虛妄不實，徹證常住不變的真如本心。

究竟覺遠離一切虛妄分別及境界之相，本身無可言說，但相對於虛妄心識而言，究竟覺又體現為圓滿清淨的智慧。同時，一切世間境界都在本覺心體中顯現，與本覺心體不可分離，因此，究竟覺又能夠遍照一切眾生之心，隨順眾生的因緣顯現種種勝妙境界。

## （四）生滅妄染的本質及層次

不覺是相對於覺而言的，是因為不能如實了悟一切事物、現象的真如本性，不覺心動而生起妄念。不覺又不能離開覺性而存在，從真如心體而生。《起信論》從相狀、生起因緣、還滅三個角度，分別闡明不覺的不同層次。

依不覺而生的相狀分為三細相和六粗相。三細相是無明業相、能見相、境界相。六粗相是智相、相續相、執取相、計名字相、起業相、業繫苦相。這裏所說的三細相和六粗相，與原始佛教所説的十二緣起內容大體一致。無明業相指因不能如實了知真如本性而起心動念。能見相指因起心動念而產生能見的作用。境界相指因有能見的作用而有妄境界顯現；智相是指對境界的分別，產生喜愛或不喜愛的覺受。相續相是指由喜愛不喜愛產生的自心對苦樂感受的相續不斷。執取相是指從苦樂感受的相續不斷而執着、住持苦樂境界。計名字相是指從對苦樂的執着，對相應的事物、現象形成名詞、觀念，對名詞、觀念產生分別、執着。起業相指從對名詞、觀念的分別、執着，而發生善惡的言行。業繫苦相是指因為善惡的言行，承受苦果，為生死所束縛。

關於生滅現象的生起因緣，《起信論》是從心識的角度揭示的，主要是說從眾生心的阿賴耶識而有意生起，從意而有意識生起，實際內容與上文所說的三細相、六粗相大體相同。如「意」所包括的業識、轉識、現識、智識、相續識，分別相當於無明業相、能見相、境界相、智相、相續相。「意識」則大體相當於執取相、計名字相。《起信論》從心識的角度闡明生滅現象生起的因緣，得出「心生則種種法生，心滅則種種法滅」的結論，按照印順法師的說法，屬於一種絕對唯心論。

所謂「還滅」，是指息滅染污心，還復真如本性。《起信論》從還滅的角度將眾生的染污心劃分為六個層次，說修行到相應的層次能夠一一斷除。一是執相應染，二乘修行人修行到無學位、大乘修行人修行到十信位能夠從中解脱；二是不斷相應染，大乘菩薩從信相應地到初地淨心地能夠究竟斷除；三是分別智相應染，從第二地離垢地到第七地無相方便地能夠究竟斷除；四是現色不相應染，第八地不動地菩薩能夠斷除；五是能見不相應染，第九地善慧地菩薩能夠斷除；六是無明業不相應染，第十地菩薩地究竟圓滿，入如來地時能夠斷除。這裏所説的染污心的六個層次，同樣是與三細相、六粗相及心識的不同層面相一致的。

## （五）熏習與心性的染污和淨化

《起信論》以「熏習」概念揭示真如、無明、妄心、妄境界之間相互作用、相互影響的關係，闡明熏習在心性的染污和心性的淨化過程中的作用。

心性染污過程中的熏習作用包括妄境界熏習、妄心熏習、無明熏習三種形式。妄境界熏習是指虛妄境界對妄心的熏習作用，虛妄境界一是會導致虛妄心念的生起和增多，二是會增強妄心的執着追求；妄心熏習是指心識及其分別作用所具有的熏習作用，其中業識根本熏習，會招致阿羅漢、辟支佛、一切菩薩的三種變易生死的苦果；分別事識熏習，會使凡夫遭受生死輪迴的苦報；無明熏習是指無明所具有的熏習作用。一方面，無明熏習真如，成就阿賴耶識。另一方面，無明生起的錯誤觀念和貪愛執着，形成了前六識。

心性淨化過程中的熏習作用分為妄心熏習和真如熏習兩種。

所謂妄心熏習是指十地菩薩之前的修行人因為尚不能與真如相應，便免不了以妄心作用進行心性的淨化。妄心熏習又分為兩種情況：一是分別的熏習作用，指凡夫、二乘修行人將生死煩惱與涅槃解脱對立起來，各隨自身努力修行，漸漸趣向無上菩提之道；二是意熏習，指菩薩超越對外境的分別，能夠發大菩提心，勇猛精進修行，迅速趣向菩提之道。

《起信論》關於真如熏習作了較多闡述。真如熏習是指與真如相應所獲得的熏習作用。真如熏習又分為自體相熏習和用熏習兩種。

自體相熏習是說眾生內在的真如原本具有清淨圓滿的功德法，具有不可思議的勝妙作用，能夠恆常熏習，讓眾生厭離生死痛苦，樂於追求涅槃解脱，相信自身原本具有真如功德法，因而能夠發心修行。不過，自體相熏習屬於修行成道的內因，它能否實際發揮作用，還依賴於一定的外緣作用。內因外緣具足才能修行成就。這裏所説的外緣作用，即真如用熏習。

用熏習即眾生修行所必須借助的外緣力量。真如用熏習從眾生角度而言是各不相同的。比如有的眾生是親身見到諸佛現身説法，有的是諸佛菩薩變現為其父母眷屬、知心朋友，乃至冤家對頭，等等。這種種不同的外緣作用，有的能夠促使眾生修行佈施、持戒、忍辱等福德，有的能夠使眾生契入佛道。真如用熏習從佛菩薩方面而言則是平等沒有差別的。這是因為佛菩薩都發願盡未來世恆常不捨地度化一切眾生。又因為諸佛與真如相應，具有真如的清淨智慧、不可思議的勝妙作用，能夠隨眾生不同根機而作相應的示現。如凡夫、二乘修行人依意識分別作用，看到的是諸佛的應身。菩薩依業識作用，則能看到諸佛的三十二相、八十種好等，是諸佛的報身。

## （六）發無上菩提心的三個層次

大乘佛教修行離不開發無上菩提心。發無上菩提心隨着修行程度的不同又分為三個層次，一是信成就發心，二是解行發心，三是正發心。《起信論》對信成就發心闡述最多。

信成就發心是指初發心修行的人相信因果業報，能發心修行十善，厭離生死痛苦，想要追求無上菩提，遇到諸佛，親近承侍供養，經過一萬劫的長時修行，信心成就，而發無上菩提心。信成就發心所發無上菩提心包括三方面，一是直心，即正念真如法。二是深心，即樂於修行一切善行。三是大悲心，即願拔一切眾生苦。信成就發心的修行方法主要有四種，一是行根本方便，即在認識法性無住的基礎上，從大悲心出發，度化眾生；二是能止方便，即斷除一切惡的行為；三是善根增長方便，即通過供養、禮拜佛法僧三寶、勸請諸佛度化眾生等方法，消除業障，增長信心；四是大願平等方便，即發願平等無差別地普度一切眾生。

解行發心是指從初發心住到十回向位的菩薩修行圓滿，對真如法獲得甚深信解，因而能夠從對真如法性的信解，隨順修行佈施、持戒、忍辱、精進、禪定、智慧六波羅蜜。

正發心是指從淨心地到菩薩究竟地菩薩，因為體證真如本性，而證得真如智慧。正發心體現為三種相狀，一是無分別的真心，二是能夠自然利益一切眾生的方便心，三是微細起滅的業識心。至此，菩薩修行，功德圓滿，於色究竟天示現一切世間最高大身，具一切種智，自然而有利益十方眾生的不可思議的妙用。

## （七）修行信心的方法

《起信論》所説的「修行信心」包含四方面內容，一是信根本，即對真如法的信心；二是相信諸佛具有無量功德，一心想着親近供養；三是相信佛法有大利益，一心想着修行六波羅蜜；四是相信如法修行的菩薩眾，樂於親近學習。

該論所説的修行信心的方法包括佈施、持戒、忍辱、精進、止觀五種法門，與上文所説的六波羅蜜內容一致。不過，在這裏，它將禪定和智慧合為一種方法，即「止觀門」。所謂「佈施」包括佈施眾生需要的財物，在眾生危難時施與救助，隨緣向眾生講説佛法；所謂「持戒」主要指不殺生、不偷盜、不邪淫、不搬弄是非、不惡語相向、不妄語、不巧言令色，遠離貪欲嫉妒、欺詐、諂媚、嗔恚、錯誤的見解；所謂「忍辱」即能夠忍耐他人的惱害，不存報復之心，對世間的順逆、毀譽、苦樂等能夠忍耐而不為所動；所謂「精進」是對於修行一切善事心不懈怠、不退縮；所謂「止觀」即能止息一切虛妄境界之相，觀察分別因緣生滅現象的本性及相狀，止觀雙修。

「止觀」包括禪定、智慧兩方面。《起信論》對「止觀」分別作了專門闡述。如說「修止」，要求修行人應住在安靜的地方，端坐正意，心不依順於氣息，不依順於身體，不依順於虛空，不依順於地火水風，乃至不依順於見聞覺知。念念生起時，及時遣除一切分別、執取、思慮，而遣除的想法也應遣除；也不隨順自心，分別、執取外在境界，以妄心遣除妄心。如果自心馳散於虛妄境界，及時收攝心神，安住於正念，心中只繫念於真如一心。從禪坐中起來，日常行住坐臥，穿衣吃飯，運水搬柴，一切時中，恆常注意端正心念，遣除分別執取，隨順真如義理觀察。論中還論及禪定時出現諸魔、外道、鬼神惑亂時，應當正念這一切都是自心所現，不貪着、不執取，如此，這些虛妄的境界自然會息滅；如說「修觀」，要求修行人應當觀察一切世間有為的事物現象，不能持久，很快就壞滅。一切心念活動，念念生滅不息，因此是苦；應當觀察過去所想念的事物現象就像夢境一般，現在所繫念的事物現象如同閃電一樣，未來想念的事物現象又如空中浮雲；應當觀察世間一切身體都是不清淨的，是種種污穢聚集而成，沒有什麼值得耽樂的。《起信論》主張修行人日常行住坐臥都應止觀俱行。

對於初學真如法的怯弱眾生，《起信論》又指示念佛方法，如念西方極樂世界阿彌陀佛，將所修善根回向求生西方極樂世界。這樣，能往生極樂世界，經常見到佛，就不會退轉，而得信心成就。

## 三　《大乘起信論》的影響

《起信論》在陳、隋之際開始流行。該論問世後，由於結構謹嚴、條理明晰，對佛法有系統的闡明，且思想契合中國傳統思想文化的思維方式及肯定現實人生價值等觀念，因而很快得到廣泛流行，歷來被視作大乘佛教的入門概論，對於中國佛教各宗派的形成和發展發揮了重要作用。

### （一）歷代注疏及影響概説

由於中國佛教對該論的重視，所以歷來講説、注疏甚多，據日本學者統計，相關講説、注疏約有一百七十餘家。

真諦翻譯經典的同時往往會作講説、注疏，相傳他曾撰有《起信論玄文》二十卷和《起信論疏》二卷，其弟子智愷也著有《起信論一心二門大意》一卷，但這些作品均已不傳。隋代淨影慧遠撰有《起信論義疏》四卷，他還運用《起信論》思想建立自身的思想體系，呂澂認為其《大乘義章》一書，是中國佛教學者最早運用《起信論》思想所作的撰述。天台宗智顗和三論宗吉藏在他們的著作中都曾引用該論，建立自身的思想體系。

唐代各宗派如天台、華嚴、禪宗等的成立和發展都受到《起信論》的重要影響。華嚴宗的實際創始人法藏撰有《大乘起信論義記》七卷和《大乘起信論別記》一卷，並吸取《起信論》中許多重要思想建立自身的思想體系。其重要著作《華嚴經探玄記》、《華嚴一乘教義分齊章》等隨處滲透着《起信論》的影響。在其影響下，華嚴宗四祖澄觀、五祖宗密都曾為《起信論》作注疏。禪宗也很早開始接受《起信論》影響，有學者認為，神秀北宗禪與慧能南宗禪分別闡發了《起信論》思想的不同方面，兩者同源異流。從《六祖壇經》和《神會和尚禪話錄》中都能看到《起信論》的影響。

宋明時期佛教學者也留下了眾多的《起信論》注疏，如子璿的《起信論疏筆削記》，憨山德清的《起信論直解》、藕益智旭的《起信論裂網疏》等等。

近代以來，由於楊仁山居士的倡導，《起信論》風靡全國。許多佛教院校都以《起信論》作為基本教材。這一時期比較著名的論疏有倓虛的《大乘起信論講義》、慈舟的《大乘起信論述記》、圓瑛的《大乘起信論講義》。當代最有參考價值的注疏有印順法師的《大乘起信論講記》。

《起信論》早在唐代就流傳到朝鮮和日本。朝鮮比較有代表性的注疏有元曉的《起信論疏》二卷和《起信論別記》二卷。在日本，法藏的《大乘起信論義記》、宗密的《大乘起信論疏注》和子璿的《起信論疏筆削記》非常流行，並留下了許多疏鈔。日本近代學者也非常注重《起信論》的注疏和研究。代表性著作有藤井玄珠的《起信論校注》和《起信論講述》，村上專精的《起信論達意》、《起信論科注》和《起信論講義》，望月信亨的《起信論研究》和《起信論講述》等等。

## （二）對中國佛教各宗派思想的影響

《起信論》對中國佛教各宗派思想的形成和發展都有重要影響，這突出地體現在對中國化佛教宗派天台宗、華嚴宗和禪宗的影響當中。

《起信論》對天台宗不同時期的思想學說產生了不同程度的影響。天台三祖慧思的《大乘止觀法門》即被認為是對《起信論》思想的闡釋，該著在講「心生萬物」及「止觀法門」時，甚至直接引用《起信論》原文進行闡述。天台宗實際創始人智顗的「性具實相」及「一念三千」學說，實際上即是從《起信論》的「一心二門」的思維格局和思想觀念闡發的。天台宗以眾生當下一念心為本體，認為眾生當下一念心本身是即空即假即中的實相，又說眾生當下一念心具三千世間。其所說的「一念心」大體對應於《起信論》的「一心」，即眾生心。智顗又將「一念心」稱之為「一念無明法性心」，認為眾生一念心既包含無明生滅的一面，又具有即空即假即中的法性。從中不難看出《起信論》一心二門的理路。而「一念三千」説一念心具足三千世間，主要是從生滅現象層面説，但其成立的理由則不離真如與現象的統一。天台九祖湛然對「真如隨緣」和「無情有性」義理的闡發，同樣吸取了《起信論》的思想成果。如《金剛錍》中説：「萬法是真如，由不變故。真如是萬法，由隨緣故。子信無情無佛性者，豈非萬法無真如耶？故萬法之稱，寧隔於纖塵。真如之體，何專於彼我？」認為真如與萬法一體不二，如果認為無情木石沒有佛性，即否定了萬法與真如的一體性。其所謂萬法與真如一體不二，與《起信論》中闡發的一切心識相狀不離真如覺性的觀念相一致，而其所提出的「無情有性」則是建立在萬法與真如一體不二的觀念基礎上。

華嚴宗與《起信論》關係非常密切。華嚴宗的思想在許多方面受到《起信論》的重大影響。如法藏吸取《起信論》中的「真如熏無明」的思想，肯定眾生本來具有的「本覺無漏」，能夠從內在熏習眾生，令眾生去除妄染，還復清淨，成就佛果。澄觀倡導一心法界無盡緣起，將華嚴性起思想發揮為一心總統萬有，並用「靈知之心」闡釋本覺思想。從中都能看出《起信論》的深刻影響。宗密以阿賴耶識具有覺與不覺義闡釋本覺真心如何生起六凡四聖。在《禪源諸詮集都序》中，又以《起信論》的「一心二門」闡釋靈妙真心隨緣而起生滅變化。如説六道凡夫和三乘聖人，從根本上説都是靈明清淨一法界心，但此心靈妙自在，不守自性，因此會隨順迷悟種種不同因緣，造業受報，生成不同眾生。雖然生成不同眾生，但是又隨緣而不失自性，從根本上說只是一心。因此知道一心本身具真如和生滅兩方面，從來沒有欠缺。這些思想都是對《起信論》相關思想的進一步闡發。

禪宗在其歷史發展過程中，曾以《起信論》取代《楞伽經》作為自身施教的主要經典。如五祖弘忍《最上乘論》提出「守心第一」的原則，而其所守之心是指「本來清淨，不生不滅，無有分別，自性圓滿的清淨之心」。突出的實際是《起信論》中的「心真如門」。弘忍之後，神秀、慧能分別從不同方面對《起信論》進行抉擇，發揮了《起信論》思想的不同方面。神秀立足於心生滅門，注重從始覺向究竟覺的漸次修行。如《大乘無生方便門》中所說的離念門，即是通過觀察現前妄念之心，本身如幻不實，一步步獲得對真如的體認。慧能則從一心二門的妄染沒有自體，心體本自清淨出發，打破生滅門與真如門的分界，由生滅門入手，當下悟入心真如門。《起信論》不同於般若中觀和唯識學的地方，在於它肯定如來藏自性清淨心不僅能「攝一切法」，而且「能生一切法」。慧能同樣肯定這一點，如《壇經》一方面說「世人性本自淨，萬法在自性」，另一方面又肯定「自性變化甚多」，「不思量，性即空寂；思量，即是變化。」還有，慧能禪法的核心「無相為體，無住為本，無念為宗」，其所理解的無相、無住、無念，是與《起信論》中所說的「即念處無念」、「知念無自相」的方法相一致的。慧能之後，神會突出「空寂體上，自有本智」，與《起信論》的本覺思想相契合。而神會關於無念的論述，則無論從義理還是語句本身，都與《起信論》相一致，如《神會禪師語錄》中說「真如之性，即是本心。雖念無有能念可念，雖説無有能説可説，是名得入。」與《起信論》所謂「若知一切法雖説無有能説可説，雖念無有能念可念，是名隨順。若離於念，名為得入。」可以説是完全一致。

## 四 《大乘起信論》真偽之辨

關於《起信論》的作者、譯者是誰，《起信論》到底是不是印度佛教的撰述，在隋代就曾受到懷疑，在近代日本、中國更是引起較長時間的爭論。

《起信論》可信的最早的記載見於隋初曇延和淨影慧遠所撰《義疏》，這些早期文獻只提到《起信論》的作者是馬鳴，沒有提到譯者。隋開皇十七年費長房所編《歷代三寶紀》始標出譯者為真諦，並記為「梁太清四年在富春陸元哲宅」譯出。

最早對《起信論》提出懷疑的，是隋開皇十四年法經等編《眾經目錄》。該錄將此論列入「眾經疑惑部」，並說：「《大乘起信論》一卷，人云真諦譯。勘真諦錄無此論，故入疑。」到唐初，吉藏的弟子惠均僧正撰《四論玄義》，首次對《起信論》的作者提出異議，認為是中國地論師借馬鳴之名所造，其卷五曾說：「《起信》是虜魯人作，借馬鳴菩薩名。」卷十又說：「《起信論》一卷，人云馬鳴菩薩造，北地諸論師云，非馬鳴造論，昔日地論師造論，藉菩薩名目之，故尋覓翻經論目錄中無有也，未知定是否？」到晚唐，新羅珍嵩作《華嚴經探玄記私記》，更提出《起信論》是依據偽《漸刹經》偽造。後來日本僧人快道在其《起信論義記懸談》中，推測《漸刹經》乃《占察經》之誤。而且查閱《占察經》下卷所言大乘實義，大部分論點與《起信論》雷同。

唐以後，中國佛學界很少關注《起信論》作者真偽問題。而近代關於《起信論》的論戰則是由日本肇始的。日本學者當中提出並堅持《起信論》為中國撰著的主要有望月信亨和村上專精。望月信亨《起信論之研究》系統論證了《起信論》是中國人的撰著，並推斷《起信論》的作者應是梁陳之際北方地論師曇遵口授、曇遷筆錄而成。村上專精支持望月的觀點，其相關論文還考訂了《起信論》與真諦所譯《攝大乘論》在許多概念用法上的不同，從而斷定《起信論》非真諦翻譯。他還指出《起信論》在第八識之上講種子熏習，認為真如與無明之間存在染淨互熏，這也與《攝論》存在差異，是一種區別於賴耶緣起的真如緣起論。而真如緣起論是中國人的創造。羽溪了諦反對望月的觀點，認為《起信論》

與印度《奧義書》思想相通，應出自印度人之手。常盤大定也駁斥望月觀點，認為《起信論》與《楞伽經》思想一致，不能說是偽論。松本文三郎《關於起信論之中國撰述說》也批判望月信亨的觀點太支離，證據不充分。總體而言，這場爭論的大多學者否定真諦是《起信論》的譯者，但肯定該論應是印度撰述，其作者則傾向於是無著、世親之後的大乘佛教學者。

中國近代史上關於《起信論》的爭論是在日本學者的相關論爭影響下開始的，而其爭論的主題則偏重於該論的義理是非。爭論雙方主要是南京內學院的歐陽竟無、王恩洋與武昌佛學院的太虛、陳維東、常惺等。歐陽竟無認為《起信論》雖是馬鳴所造，但該論是其由小乘向大乘過渡時期不成熟的作品，「理論粗疏」，對《起信論》淨染互熏的真如緣起論多有貶斥。太虛則反駁歐陽竟無的觀點，堅持《起信論》的作者是龍樹之前的馬鳴，又力圖從義理上融通《起信論》與唯識學的不同，認為《起信論》說的是菩薩境界，對於菩薩而言，真如與生滅心能夠互熏，能將有漏與無漏打成一片。王恩洋以唯識學為準繩，反對《起信論》的真如緣起說，認為染淨不可能同處於阿賴耶識中，真如與無明不可能相互熏習。王恩洋認為印度佛教只有性相二宗，沒有所謂的真常宗，從根本上否定《起信論》真如緣起說的合法性，將其斥為外道之作。王恩洋的觀點受到陳維東、唐大圓、常惺等的反駁。如常惺認為《起信論》代表的真如緣起論，統攝性相二宗，實為圓極一乘。

關於《起信論》真偽是非的爭論，一直延續到二十世紀五十年代。其中最有代表性的是印順和呂澂的觀點。印順法師反對內學院單從唯識學角度評判《起信論》的做法，他將佛法分為虛妄唯識論、性空唯名論和真常唯心論，而將《起信論》歸之於真常唯心論一系。關於《起信論》的真偽，印順法師沒有明確表態，但認為「無論是中國或是印度造的，它所代表的思想，在佛教思想中，有它的獨到價值，值得我們深長的研究。」呂澂則認定《起信論》根本不是從梵本譯出，而是沿襲魏譯《楞伽經》的錯誤而來，《起信論》提出的真心本覺，違背印度佛教的心性本寂的精神，因而是偽論。

當代學者楊維中《〈大乘起信論〉的翻譯考辨》一文則綜合《起信論》「疑偽說」的文獻依據，並逐一進行考辯、反駁，認為「疑偽說」是缺乏文獻依據的以訛傳訛，肯定《起信論》確實是真諦所譯，絕對不是中土人士的撰述。

# 第一章 歸敬頌與寫作旨趣

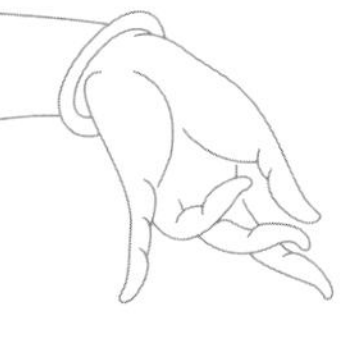

## 大乘起信論[1]一卷

馬鳴菩薩造

梁西印度[2]三藏法師真諦譯

### 第一節　歸敬三寶頌文

歸命[3]盡十方，最勝業遍知，

色[4]無礙自在，救世大悲者，
及彼[5]身體相，[6]法性真如海，
無量功德藏，[7]如實修行等。[8]
為欲令眾生，除疑捨邪執，[9]
起大乘正信，佛種[10]不斷故。

注釋：

1 「大乘起信論」是該論文的標題。「大乘」是相對於「小乘」而言的。大乘佛教產生於公元一世紀左右的印度。大乘佛教產生後，將以修行成就阿羅漢果位為目的的佛教稱之為小乘佛教。大乘佛教以修行成佛、普度眾生為修行目標。在修行方法上注重與眾生共處，要求六度即佈施、持戒、忍辱、精進、禪定、智慧。「乘」，指車乘，佛教引申為佛法能夠載眾生從煩惱此岸到涅槃彼岸。「起信」即對大乘佛法生起正信。「大乘起信論」的主旨是通過闡述大乘佛法的根本，使眾生對如來根本之義獲得正確的見解，對大乘佛法能夠信持不退。

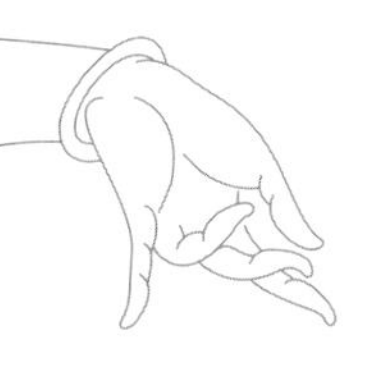

2 西印度：宋本，元本，宮本皆作「天竺」。

3 歸命：歸依，在佛教中，歸依一般是指將自己的身心（命），歸向於三寶。十方：即東、南、西、北、東南、西南、東北、西北、上、下十個方向，泛指整個法界。在這裏是「十方三世」的簡稱。

4 色：是指佛的色業，即佛的身體，包括佛的六根、身體形相。

5 彼：指佛。

6 「最勝業遍知……及彼身體相」指的是佛。勝：殊勝。「最勝業遍知」是指佛心是洞悉一切的，佛的身心作用是最殊勝的。

7 「法性真如海，無量功德藏」是指佛法。法性：指一切法的本性、實性。

8 「如實修行等」，指依照大乘佛法如實修行的菩薩，即僧寶。

9 邪執：指外道錯誤的觀念，也包含佛法中不符合中道的偏見。本論中主要指人我見、法我見。

10 佛種：成佛的種子。

**譯解：**

本段是論前的歸敬頌。佛教論典之前一般都有歸敬佛法僧三寶的頌詞，一是說明自己所論說的，是承受佛法僧三寶的恩德，二是祈請佛法僧三寶的加持和證明。

歸敬十方三世佛法僧三寶，至誠祈請十方三世佛法僧三寶加持、證明。我撰寫這篇論文的目的是為了讓眾生除去疑惑，捨掉錯誤的執着，對大乘佛法生起正信，使成佛的種子得以延續。

## 第二節 標明論文五部分

**論曰：有法能起摩訶衍[1]信根[2]，是故應說。說有五分[3]。云何為五？一者、因緣分，二者、立義分，三者、解釋分，四者、修行信心分，五者、勸修利益分。**

**注釋：**

1 摩訶衍：即大乘。

2　根：指具有殊勝功能，能成為生起其他事物、現象原因的事物。佛經中說：「信為道源功德母，長養一切諸善根」，認為「信」是成就一切功德、善根的根源，所以稱「信」為「信根」。

3　分：部分。五分：是說本論包含五個部分。

**譯解：**

有一種法門能使人們對大乘佛法生起正信，受持不退，因此應當具體論述。《起信論》這裏所說的「法門」，是指該論闡說的「一心」，即眾生心，具體包括一心、二門、三大等義理。論文分為五個部分：一是「因緣分」，說的是撰寫這篇論文的因緣；二是「立義分」，標明這篇論文的根本義理；三是「解釋分」，對論文根本義理作詳細闡釋；四是「修行信心分」闡述如何修行生起信心；五是「勸修利益分」說明修行的利益。

# 第二章 論文寫作因緣

## 第一節 闡明論文寫作緣由

初說因緣分。問曰：「有何因緣而造此論？」答曰：「是因緣有八種。云何為八？一者、因緣總相[1]，所謂為令眾生離一切苦，得究竟樂[2]，非求世間名利恭敬故。二者、為欲解釋如來根本之義[3]，令諸眾生正解[4]不謬故。三者、為令善根成熟眾生於摩訶衍法堪任不退信故[5]。四者、為令善根微少眾生修習信心故。五者、為示方便，[6]消惡業障善護其心，遠離癡慢出邪網[7]故。六者、為示修習止觀[8]，對治凡夫二乘心[9]過故。七者、為示專念方便[10]，生於佛前，必定不退信心故。八者、為示利益勸修行故。有如是等因緣，所以造論。」

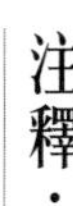

## 注釋：

1 因緣總相：是指著作此論最主要最根本的因緣。

2 究竟樂：相對於世間的快樂而言，指佛教追求的涅槃解脫之樂。

3 如來根本之義：佛法的根本道理。

4 正解：即正確的見解。

5 堪任：有力量擔當。不退信：信心不退。

6 方便：指禮佛、讚佛、供養、懺悔等方便法門。

7 癡：愚癡，對於佛法正理無知。慢：高慢，認為自己高貴等。邪網：邪見之網。

8 止觀：是佛教修行的兩種主要方法。止是止息散亂心；觀是觀察。止是針對凡夫的修行方法，觀是針對二乘修行人耽於空寂的修行方法。

9 二乘心：相對於大乘心而言。二乘修行人有出離心，厭棄世間，獨善其身，但是對眾生不能生起大悲心，而修菩薩行。

10 專念方便：指念佛法門。

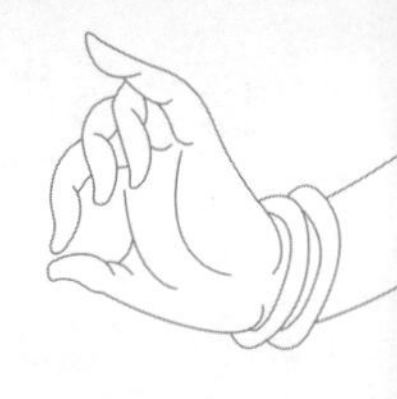

**譯解：**

這段話說明撰寫這篇論文的原因、緣由。作者說，撰寫這篇論文有八種因緣。一是撰寫論文最根本的因緣，不是為了個人的名利，獲得人們的恭敬讚歎，而是為了讓眾生擺脫一切煩惱痛苦，證得涅槃解脫的極樂；二是為了闡釋如來的根本之義，讓眾生形成正確的見解；三是為使善根成熟的眾生對於大乘佛法能夠承當，信心不退；四是使善根微少的眾生能夠依法修行，增長信心；五是開示禮佛、供養、懺悔等方便法門，幫助修行有障礙的眾生，消除修行障礙，遠離愚癡、憍慢，從錯誤觀念中解脫出來；六是開示止觀修行方法，幫助凡夫止息散亂心，幫助二乘修行人從沉空滯寂中解脫出來，獲得中道智慧；七是為怯弱眾生開示念佛法門，使他們能夠命終之後往生佛國淨土，信心不退；八是為易於懈慢的眾生開示修行大乘佛法的利益，勸誡他們修行不退。

## 第二節　辯明論文寫作必要

**問曰：「修多羅[1]中具有此法，何須重說？」答曰：「修多羅中雖有此法，以眾生根行[2]不等，受解[3]緣別。所謂如來在世，眾生利根[4]，能說之人色心業勝[5]，圓音一演[6]，異類等解[7]，則不須論。若如來滅[8]後，或有眾生能以自力廣聞而取解[9]者；或有眾生亦**

以自力少聞而多解者；或有眾生無自心力[10]，因於廣論而得解者；亦有[11]眾生復以廣論[12]文多為煩，心樂總持少文而攝多義能取解者[13]。如是此論，為欲總攝如來廣大深法無邊義故，應說此論。」

注釋：

1 修多羅：指佛經。

2 根行：根機。不等：不同。

3 受解：接受、了解。緣別：因緣不同，情況不同。

4 利根：根機敏利，領悟能力強。

5 色心業勝：指佛陀智慧和言行的影響力殊勝、強大。

6 圓音一演：指佛陀說法。圓音：指佛陀說法平等、圓滿。

7 異類：指不同根機的眾生。等解：都能隨自己的根機有所了解。

8 滅，寂滅，去世。

9 取解：獲得正確的理解。

10 心力：宋本、元本、明本、宮本均作「智力」。

11 亦有：底本作「自有」，據宋本、元本、明本、宮本校改。

12 廣論：旁征博引的經論。

13 總持：總體把握。少文而攝多義：指文字簡短而內涵豐富的經論。

**譯解：**

有人會問：佛經中已經包含有這一法門，何必再撰寫論文論述呢？本段從眾生根機、意願和領受佛法因緣的不同，論述撰寫此論的必要性。文中說：釋迦牟尼佛在世的時候，眾生領悟能力強，加上佛陀演說佛法的智慧、言行影響力殊勝，說法平等、圓滿，不同眾生能夠隨自己的根機有所領悟，不需要撰寫論文。佛陀去世後，有的眾生能夠以自己的能力廣泛閱讀佛經，獲得正確的理解；有的眾生能夠以自己的能力閱讀部

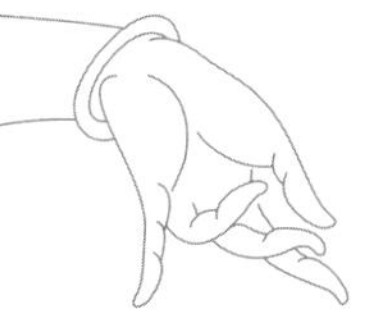

分佛經就能正確理解；有的眾生則不能依靠閱讀佛經，而要依靠菩薩撰寫的廣博的論文獲得正確理解；還有些人不耐煩依據廣博的論文，而希望依據文字簡短而內涵豐富的論文獲得理解。我這篇論文就是為適應這些希望總體把握如來廣大深遠無限法義的人而撰寫的。

# 第三章 確立大乘根本義理

已說因緣分。次說立義[1]分。摩訶衍者，總說有二種。云何為二？一者、法[2]，二者、義[3]。

所言法者，謂眾生心[4]，是心則攝一切世間法[5]、出世間法[6]。依於此心顯示摩訶衍義。何以故？是心真如相[7]，即示摩訶衍體[8]故；是心生滅因緣相[9]，能示摩訶衍自體相用[10]故。

所言義者，則有三種。云何為三？一者、體大[11]，謂一切法[12]真如平等不增減故。二者、相大[13]，謂如來藏[14]具足無量性功德故。三者、用大[15]，能生一切世間、出世間善因果故。一切諸佛本所乘故，一切菩薩皆乘此法到如來地[16]故。

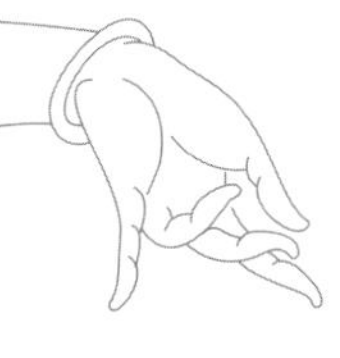

## 注釋：

1 立義：確立如來的根本義理，或大乘佛教的根本義理。

2 法：指法體，指大乘法內容的全體。

3 義：意義。指大乘法所含有的體性、德相、作用。

4 眾生心：本論所說的「眾生心」是指所有眾生心的共通性，它既是生滅、雜染的，又是與佛心平等，包含無邊功德的。這裏所說的「眾生」包括除佛以外的天、人、阿修羅、餓鬼、畜生、地獄「六凡」，和阿羅漢、緣覺、菩薩「三聖」。

5 世間法：是指世間生滅、流變的事物現象，也包括眾生內在的煩惱等心理現象。

6 出世間法：是指超越世間的大乘佛法。

7 真如相：指眾生心真如的方面。

8 摩訶衍體：大乘佛法的體性。

9 生滅因緣相：指眾生心具體的、有生滅差別的方面。

10 體相用：體，指事物自體；用，指動作、作用；相，指事物的性質、形態。

11 體大：指真如本體廣大洪深。

12 一切法：指世間出世間的一切事物和現象。真如：指真如性體，它是一切法的本體，也是眾生的心體。平等不增減：是説真如性體在眾生這裏不會減少，在佛那裏不會增加，因此，對於佛及眾生是平等的。

13 相大：即如來藏，指眾生內在所具有的如來功德。

14 如來藏：指眾生內在蘊含的如來功德。性即法性、本體。性功德即是説眾生心真如本體所具有的無量功德。

15 用大：指眾生心能生起的作用廣大。

16 如來地：指佛的境地，佛的果位。

**譯解：**

本段闡明大乘佛教的根本義理。大乘佛教的根本義理概括地説有法和義兩方面。

這裏所説的「法」，即眾生心。眾生心涵攝一切世間、出世間的事物和現象。依據

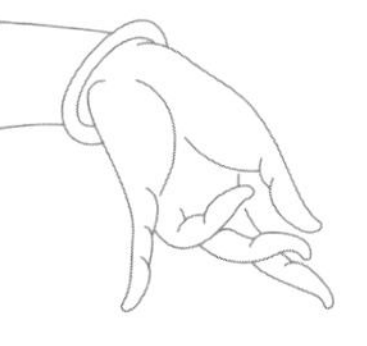

眾生心能夠顯示大乘佛法的義理。從眾生心的真如平等的一面，可以顯示大乘佛法的體性；從眾生心差別變動的一面，能夠顯示大乘佛法自體的相狀和作用。

這裏所說的「義」，共有三方面。一是眾生心的體大。是說真如性體在眾生這裏沒有減少，在佛那裏沒有增加，是平等沒有差別的。二是眾生心的相大。即如來藏。是說眾生心本自具足如來的無量功德。三是眾生心的用大。是說眾生心具有生起一切世間不圓滿的善的因果，和一切出世間圓滿的善的因果的作用。一切諸佛能從生死到彼岸，一切菩薩能夠成就佛果，都是依靠此眾生心。

大乘佛法的義理以及修行成佛的方法，都是圍繞眾生心展開的，因此說眾生心是大乘佛法的根本。

# 第四章 大乘義理之闡釋

## 第一節 從三方面闡釋

**已說立義分，次說解釋分。解釋分有三種。云何為三？一者、顯示正義[1]，二者、對治[2]邪執，三者、分別發趣道相[3]。**

注釋：

1 正義：正確義理。指以「一心二門」安立的大乘佛法的正確義理。

2 對治：有針對性地破除。邪執：錯誤的執着。

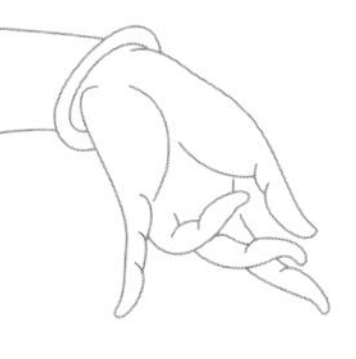

3　分別發趣道相：即分別說明如何生發追求無上正等正覺的志向。發：生發。趣：趣向，追求。道：指佛教追求的無上正等正覺，或最高的道德智慧。相：相狀，情況。

**譯解：**

本章是對大乘佛教義理的解釋。本段是概要說明本章的主要內容。它包括三個方面，一是顯示「一心二門」的大乘佛法的正確義理，二是對錯誤執着的破除，三是分別說明如何生起追求無上菩提的志向。

## 第二節　闡明大乘正確義理

### 第一項　一心二門概說

**顯示正義者，依一心法[1]，有二種門。云何為二？一者、心真如門，二者、心生滅門[2]。是二種門，皆各總攝[3]一切法。此義云何？以是二門不相離故。[4]**

**注釋：**

1　一心法：即眾生心。二種門：兩個方面。

2　心真如門：眾生心真如的方面，揭示的是眾生心的真如性體；心生滅門：指眾生心生滅流轉的方面。

3　總攝：全部涵攝。

4　二門不相離：是說真如不離生滅，生滅也不離真如。《起信論》並不脫離眾生心的生滅現象闡釋真如，也不脫離真如說明眾生心的生滅現象。

**譯解：**

所謂顯示大乘佛法的正確義理，是指闡明眾生心的兩個方面，即眾生心真如的方面，和眾生心生滅流轉的方面。眾生心的這兩個方面，都分別涵攝全部一切事物現象。因為眾生心的這兩個方面是相即不離的。

「一心二門」並不是說眾生心包含真如和生滅兩個部分，而是說眾生心本身既存在真

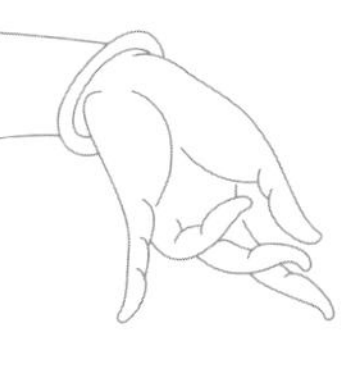

如的一面，又存在生滅流轉的一面。真如與生滅是眾生心的一體兩面。但一般人往往只看到自心生滅的一面，而看不到自心真如的一面。

## 第二項　關於心真如門

**心真如者，即是一法界大總相法門體[1]，所謂心性不生不滅。一切諸法唯依妄念[2]而有差別，若離妄念則無一切境界之相[3]。是故一切法從本已來，離言說相、離名字相、離心緣[4]相，畢竟平等、無有變異、不可破壞，[5]唯是一心，故名真如。以一切言說假名無實，但隨妄念，不可得故。[6]言真如者，亦無有相。謂言說之極，因言遣言[7]。此真如體，無有可遣，以一切法悉皆真故；亦無可立[8]，以一切法皆同如故。當知一切法不可說、不可念[9]故名為真如。**

**注釋：**

1　《起信論》所說的「法界」，既指諸法的平等本性，又指其中包含的生起佛法的圓滿功德性。總相：指涵攝一切的全體。法門體：指眾生心的真如性體是一切佛法

的本體。

2 妄念：虛妄分別。

3 境界之相：指通過眼、耳、鼻、舌、身、意所感知的色、聲、香、味、觸、法。

4 心緣：緣慮，指對具體事物、心念的思慮。這幾句話是說，一切事物現象的真如本性是超越言說、文字和思慮的。

5 這幾句話是說，一切事物現象從其真如體性上說，是平等無差別的，沒有流轉變化的，不可破壞的。

6 假名無實：只是權且標立的假名，並沒有實在的實體。但隨妄念，不可得故：指一切言說只是隨虛妄分別而有，本身並沒有真實的存在。

7 極：究竟。金本作「相」。遣：破除。因言遣言：以真如的言說，破除人們對言說的執着。

8 立：標立，建立。

9 念：思慮。

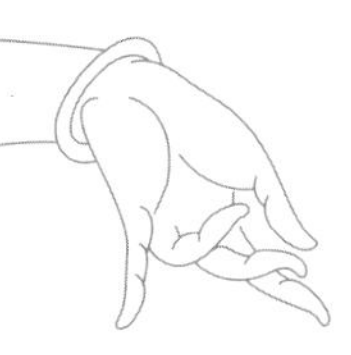

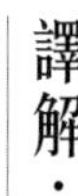

本段闡釋眾生心真如的方面。這裏所說的眾生心真如的方面，即是眾生心不生不滅的性體，它是一切法的平等本性，具備生起佛法的無漏功德。它涵攝一切，是一切佛法的本體。一切事物和現象，都是因為人的虛妄分別而顯現出千差萬別的形相，若能息滅虛妄分別，則沒有這些千差萬別的認識。因此，從根本上說，一切事物和現象人人直如方面說超越語言、文字、思慮，是平等無差別的，沒有生滅流轉，無法破壞，同一心體，所以稱之為真如。而一切言說都不過是權且標立的假名，只是隨人的虛妄分別而顯現，本身並沒有真實的存在。在這裏，我們所說的真如，同樣沒有真實的相狀。言說的究竟，不過是以真如的道理，破除人們對言說的執着。一方面，真如性體是真實存在的，無法破除，因為一切事物和現象的真如本性都是真實存在的；另一方面，真如性體揭示的是一切事物和現象平等無差別的本性，本身並不是實體性存在，因此又無法標立。應當明了一切事物和現象不可言說，不可思慮，超越言說思慮，稱之為真如。

實際上，眾生心真如的方面，是針對眾生心生滅的方面而言的，而眾生心之所以有生滅的方面，則是源於眾生的無明、分別、執着。眾生心真如的方面說的是眾生心真實存在，它遠離眾生的虛妄分別，不可思議、不可言說。

**問曰：「若如是義者，諸眾生等云何隨順[1]而能得入？」**

**答曰：「若知一切法雖說，無有能說可說，雖念，亦無能念可念，是名隨順。[2]若離於念，名為得入。」**

## 注釋：

1 隨順：隨順因緣。在這裏指眾生隨順因緣，方便修學。得入：得以契入。在這裏指體證真如，與真如相應。

2 能說：指能說的人。可說：也作所說。指可說、所說的對象。能念：指能思慮的人。可念：也作所念。指可思慮、所思慮的對象。這裏所說的「無有能說可說」、「無能念可念」是強調言說、思慮時不應執着於有能言說、思慮的「自我」，不應執着於所說、所思慮的對象為實有。

## 譯解：

這段話闡明眾生應當如何隨順因緣，方便修學，體證真如。上文說到一切事物現象的真如性超越言說、思慮。那麼眾生整天在言說、思慮，該如何隨順修學，契證真如實相呢？作者說，如果我們在言說時，了知沒有能說的「我」，也沒有實存的言說的對象；我們在思慮時，了知沒有能思慮的「我」，也沒有實存的思慮的對象，這就是隨順方便修學。如果我們能夠這樣超越言說、思慮，就能契入真如。

也就是說，與真如相契合，並不是要求身如槁木、心如死灰，而是要求言說、思慮時，超越將自身及對象固定化的實體性思維，超越主客二分的對象性思維。

**復次，真如者，依言說分別有二種義。云何為二？一者、如實空，以能究竟顯實[1]故。二者、如實不空，以有自體，具足無漏性功德故。**

**所言空者，從本已來[2]一切染法[3]不相應故，謂離一切法差別之相，以無虛妄心念故。當知真如自性，非有相、非無相、非非有相、非非無相、非有無[4]俱相，非一相、非異相、非非一相、非非異相、非一異[5]俱相。乃至總說[6]，依一切眾生以有妄心念念分別，皆不**

相應，故說為空。若離妄心，實無可空故。

所言不空者，已顯法體[7]空無妄故，即是真心，常恆不變，淨法滿足[8]，故名不空[9]。亦無有相可取[10]，以離念境界[11]，唯證[12]相應故。

## 注釋：

1 究竟：從根本上。顯實：顯示真如性體。

2 從本已來：宋本、元本、明本、宮本皆作「從昔以來」。金本作「從本以來」。

3 染法：指染雜的事物和現象。包括人心的虛妄分別，及其所感知的虛妄境界。

4 有：即認為一切事物和現象真實存在。無：即認為一切事物和現象空無所有。

5 一：同一，即認為一切事物和現象同一相狀，沒有差別；異：差異，即認為一切事物和現象千差萬別。

6 總說：總括地說。

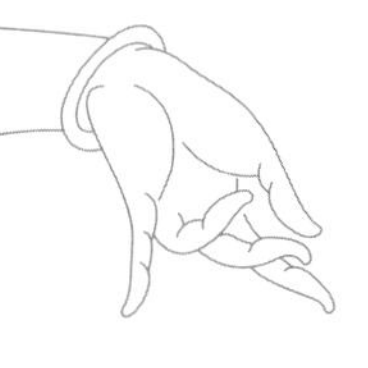

7　法體：指真如性體。

8　淨法滿足：指具足一切圓滿清淨的功德。

9　故名不空：宋本、元本、明本、宮本作：「故，則名不空」。金本作「則名不空」。

10　取：執取。

11　離念境界：指超越人為思慮的境界。

12　證：真實的體證。

**譯解：**

上文說的是超越言說、思慮的真如，這裏又從言說、思慮的角度，將真如區分為「如實空」和「如實不空」兩層意義。「如實空」是通過「空」來顯示真如實性；「如實不空」則是強調真如性體具足圓滿無漏的功德。

「如實空」所說的「空」是指破除一切染法。因為從根本上說，人心的虛妄分別及其所感知的虛妄境界，都與真如性體不相應。真如性體超越一切事物現象的形相差別，超

越自心的虛妄分別。真如自性超越有無、非有非無、亦有亦無，超越一異、非一非異、亦一亦異。這裏所說的「有」是肯定事物現象真實存在，「無」則認為事物現象空無所有。這裏所說的「一」，是指同一，「異」是指差別。總而言之，這裏所說的「空」是強調一切眾生依據妄心所進行的種種虛妄分別，都與真如性體不相應。而如果能夠破除妄心，則實際上並沒有什麼可空的。

這裏所說的「如實不空」，則是說，既然已破除一切虛妄分別，則真如性體得以顯現。「如實不空」即是強調眾生心真如性體常恆不變，具足一切圓滿清淨的功德。真如性體真實存在，但同樣沒有具體的相狀可以把握，只能通過修行的積累，最終以無分別智與它相應。

本段說「如實空」並不是說空無所有，而是說遠離或破除虛妄分別及由此所顯現的虛妄境界。說「如實不空」則指真如性體雖無法言說、思慮，但真實存在，本來具足一切圓滿清淨功德。

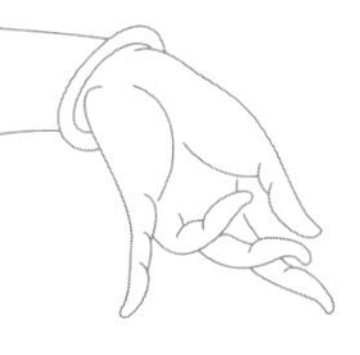

## 第三項　關於心生滅門

**心生滅者，依如來藏[1]故有生滅心，所謂不生不滅與生滅和合，非一非異，名為阿梨耶識[2]。**

**此識有二種義，能攝一切法、生一切法。云何為二？一者、覺義，二者、不覺義。**

**注釋：**

1　如來藏：指存在於眾生妄心中的真如性體，具足如來清淨圓滿的功德。

2　阿梨耶識，也作「阿賴耶識」。真諦譯作「無沒」，玄奘譯作「藏」，都是強調阿賴耶識具有含藏、任持諸法種子的功能。《起信論》將阿賴耶識視作真如性體與眾生雜染心的和合。

**譯解：**

這裏所說的眾生心生滅的方面，即是指依如來藏而有的生滅心，是不生不滅的真如

性體與生滅雜染的虛妄分別相和合，兩者既相區別，又和合一體，稱之為阿賴耶識。

阿賴耶識有覺與不覺兩方面意義。而覺與不覺又都能涵攝一切事物和現象，生起一切事物和現象。

心生滅就其本質而言，是因無明或不覺、虛妄分別而有，是眾生心虛妄生滅的一面。《起信論》在這裏則突出心生滅依如來藏而有，實際上即強調心生滅雖然虛妄，但同樣不能脱離心性本體而存在。《起信論》以阿賴耶識說明心生滅，但將阿賴耶識視作真妄和合識。

**所言覺義者，謂心體[1]離念。離念相者，等虛空界[2]無所不遍，法界一相[3]，即是如來平等法身[4]，依此法身說名本覺[5]。何以故？本覺義者，對始覺[6]義說，以始覺者即同本覺。**

**注釋：**

1　心體：指阿賴耶識的本體真如性體。

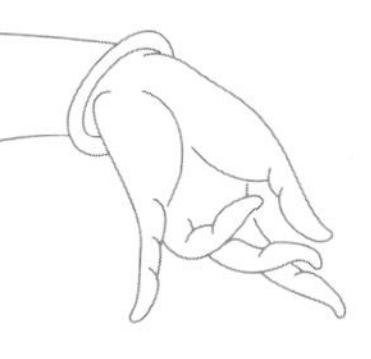

2　虛空界：指虛無性質的空間。

3　法界一相：指一切事物現象平等無差別的法性。

4　如來平等法身：即如來所證的平等無差別的法身。法身實即如來藏自性清淨身。

5　本覺：實即如來藏自性清淨身。稱之為「覺」，是從修行覺悟而言的，之所以稱為「本覺」，因為它是眾生原本具有的覺悟本性，是眾生賴以修行覺悟的本源。

6　始覺：相對於眾生的「不覺」而言，指通過修習佛法而獲得的一步一步的覺悟。《起信論》認為「始覺」源於眾生本具的覺悟本性（「本覺」）。

**譯解：**

所謂覺，即遠離虛妄分別的真如性體。遠離虛妄分別的真如性體，如同虛空，廣大無邊，遍於一切，整個法界同一相狀，這即是如來的平等法身。如來平等法身，眾生本自具足，它是眾生心中的「本覺」。為什麼稱之為「本覺」呢？「本覺」是相對於眾生修行覺悟的「始覺」而言的，而「始覺」本身源於眾生心中的「本覺」。

「本覺」實際上就是真如本體，從眾生心覺悟的本源角度稱之為「本覺」。「本覺」是針對眾生的虛妄心念而言的，因此遠離虛妄分別即是真如本體，即是「本覺」。而「本覺」本身則是不可言說、思慮的。

**始覺義者，依本覺故而有不覺[1]，依不覺故說有始覺。**

**又以覺心源[2]故名究竟覺，不覺心源[3]故非究竟覺。此義云何？如凡夫人[4]覺知前念起惡故，能止後念[5]令其不起，雖復名覺，即是不覺故。如二乘觀智、初發意菩薩等[6]，覺於念異，念無異相[7]，以捨粗分別執着相故[8]，名相似覺[9]；如法身菩薩[10]等，覺於念住，念無住相[11]，以[12]離分別粗念[13]相故，名隨分覺[14]；如菩薩地盡[15]，滿足方便[16]，一念相應[17]，覺心初起，心無初相[18]，以遠離微細念[19]故，得見心性，心即常住[20]，名究竟覺。是故修多羅[21]說：「若有眾生能觀無念[22]者，則為向佛智故」。**

## 注釋：

1　不覺：指眾生的無始無明、虛妄分別。說它「不覺」，並不同於草木的無知，而是指不能了悟真如法性。

2 心源：妄心的根源。究竟覺：究竟的覺悟，也即是成佛的覺悟。

3 心源：宮本、金本作「心原」。

4 凡夫人：主要是指十信位的學佛者及外道修行人。

5 前念：前面的念頭。起惡：生起惡念。後念：之後的念頭。

6 二乘觀智：二乘人觀察的智慧。這裏所説的二乘指聲聞乘和緣覺乘。聲聞乘指聽聞佛陀教説，了悟苦集滅道四諦修行得道的人；緣覺乘指聽聞佛陀教説，了悟十二因緣修行得道的人。菩薩，菩提薩埵的簡稱，指發菩提心修行佛法的人。初發意菩薩等：指包括十住、十行、十回向等階位在內的菩薩。

7 念異：妄念的變異，指第六識（意識）的攀緣執着、起滅變異。念無異相：即認識到意識的起滅變異，是虛妄不實的。

8 捨：破除，放下。粗分別：指意識的虛妄分別。相對於第七識末那識的微細分別，而稱為粗分別。執着：指第六意識對苦樂境界、語言文字的執着。

9 相似覺：是説二乘觀智、初發意菩薩等的覺悟，只是近似於真覺，所以稱為相似覺。

10 法身菩薩：指十地菩薩。十地菩薩都能覺悟事物現象的真如本性，體證相應的如來平等法身，所以稱為法身菩薩。

11 念住：心念的常住相狀。指第七識末那識執取阿賴耶識為常住不變的自我。念無住相：即破除末那識對自我的執着，認識到阿賴耶識的無住本性。

12 「以」：金本作「心」。

13 粗念，在這裏指法我執，即執着於心外有實存的事物現象。相對於究竟覺所覺悟的微細念而言，稱之為粗念。

14 隨分覺：十地菩薩只能證悟真如的相應層面，尚不圓滿，所以稱為隨分覺。

15 菩薩地盡：指菩薩修行圓滿，在這裏，指第十地法雲地圓滿。

16 方便：指菩薩位的修行方便。

17 一念：指菩薩修行圓滿的最後一念。相應：與真如性體相應，或與無念相應。

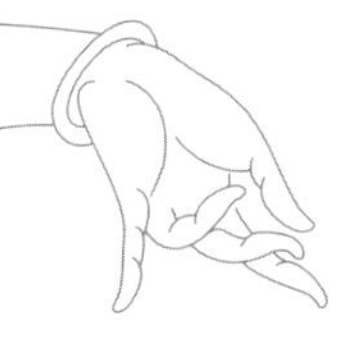

18 心初起：指妄心的最初生起。心無初相：認識到妄心最初生起的虛妄不實。

19 微細念：微細妄念。

20 心即常住：宋本、元本、明本、宮本作：「心性即常住」。得見心性，心即常住：即明心見性，體證到常住不變的真如性體。

21 修多羅：指佛經。

22 觀無念：覺悟妄念的虛妄不實。

**譯解：**

所謂「始覺」，是因為眾生無始的迷昧無知（「不覺」），遮蔽了本有的覺性。因為有眾生的「不覺」，所以才需要修行佛法，才有一步一步的「始覺」。

修行過程中所獲得的覺悟，又分為究竟覺悟和非究竟覺悟兩種。覺悟了自心根源的稱為究竟覺悟，究竟覺悟是成佛的覺悟。而未能覺悟自心根源的，都屬於非究竟覺悟。《起信論》將人的虛妄心念分為生、住、異、滅四種形態，又從對這四種形態的覺悟，將

覺悟區分為不覺、相似覺、隨分覺和究竟覺四個層次。

第一，不覺是十信位凡夫的覺悟層次。凡夫能夠覺知妄念的滅相，即能夠覺知之前所起的惡念，提醒之後不再生起。凡夫的覺知，雖然也可以稱為覺悟，但因為他在惡念生起時沒有覺知，也不了悟妄念的本性，所以仍只能算是不覺。

第二，相似覺是二乘修行人以及初發意菩薩等的覺悟層次。他們能夠覺照妄念的異相，即覺照第六識——意識的生起、變化、消失，了悟這些意識現象的虛妄不實，因此能夠破除意識的分別執着，稱為相似覺。

第三，隨分覺是法身菩薩的覺悟層次。法身菩薩能夠覺照妄念的住相。第七識末那識往往將阿賴耶識執着為常住不變的自我，法身菩薩能夠覺知末那識的這種執着，並能了悟這種執着的虛妄不實，認識到阿賴耶識的無住性，因此能夠破除微細分別和粗念執着，稱為隨分覺。

第四，究竟覺是菩薩修行圓滿獲得的究竟覺悟。菩薩修行圓滿，始覺的最後一念與本覺相應，能夠覺照妄念的生相，即覺照阿賴耶識生滅心的最初生起，並了悟其最初生起的虛妄不實，因此能夠破除微細妄念的執着，真正明心見性，認識常住不變的真心，稱為究竟覺。因此佛經中說：「如果有眾生能了悟心念的虛妄不實，即是趨向於佛的智慧。」

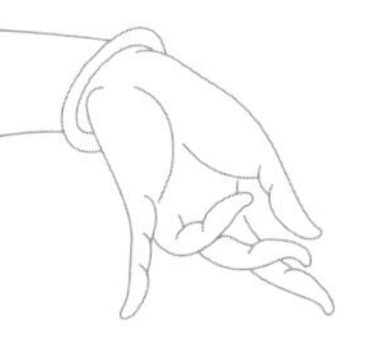

從《起信論》關於始覺的不同層次的闡述中可以看出，修行覺悟的層次是與對妄念、意識、末那識、阿賴耶識由淺入深的覺悟相聯繫的。

**又心起者，無有初相可知，而言知初相者，即謂無念。是故一切眾生不名為覺，以從本來念念相續[1]未曾離念故，說無始無明[2]。若得無念者，則知心相生住異滅。以無念等[3]故，而實無有始覺之異[4]，以四相俱時而有，皆無自立[5]，本來平等，同一覺[6]故。**

**注釋：**

1　念念相續：妄念一個接着一個。

2　無明：不覺悟。無始：沒有開始，佛教認為眾生的無明是無始以來就存在的。無始無明，也就是說眾生從來就在虛妄分別中生活。因為時間是與無明相關聯的，因此無明的產生沒有所謂開始。

3　等：相同。無念等：即上文所說的不覺、相似覺、隨分覺、究竟覺，就其覺悟心念的生住異滅的虛妄不實而言，都是一樣的。

4 實無有始覺之異：是說實際上並不存在不覺、相似覺、隨分覺、究竟覺的差異。

5 四相：即心念的生住異滅四種相狀。俱時而有：同時存在。皆無自立：都沒有自身的實在性。

6 同一覺：是說不覺、相似覺、隨分覺、究竟覺，都是從本覺而來。

**譯解：**

再就是，心念的生起，並沒有最初的相狀可知，這裏所說的覺照心念的最初生起，實際上即是覺悟心念生起的虛妄不實，覺悟真心遠離一切妄念，即無念。從這個意義上說，一切眾生包括十地菩薩，都不能稱之為覺。因為一切眾生從來就沒有真正遠離過虛妄分別的心念，一直在虛妄分別中生活，所以說是無始無明。如果證得無念的境界，則能了悟心念生住異滅相狀的虛妄不實。從同樣了悟心念的虛妄不實而言，則實際上並不存在不覺、相似覺、隨分覺、究竟覺的差別。心念的生住異滅是同時存在的，都是假名無實，沒有自性的。從這個意義上說，我們區分不覺、相似覺、隨分覺、究竟覺的不同，只是為了破除虛妄分別的方便，歸根到底，不覺、相似覺、隨分覺、究竟覺都是不離本覺的。

本段話是說從究竟覺而言，心念的生住異滅雖然相狀不同，但本質是相同的，都是虛妄不實的。

**復次，本覺隨染分別[1]，生二種相，與彼本覺不相捨離[2]。云何為二？一者、智淨相[3]，二者、不思議業相[4]。**

**智淨相者，謂依法力[5]熏習，如實修行[6]，滿足方便故，破和合識相[7]，滅相續心[8]相，顯現法身[9]，智淳淨故。此義云何？以一切心識[10]之相皆是無明，無明之相不離覺性[11]，非可壞[12]非不可壞。如大海水因風波動，水相風相不相捨離，[13]而水非動性，若風止滅動相[14]則滅，濕性[15]不壞故[16]。如是眾生自性清淨心[17]，因無明風動，心與無明俱無形相，[18]不相捨離，而心非動性[19]。若無明滅，相續則滅，智性[20]不壞故。**

**不思議業相者，以依智淨能作[21]一切勝妙境界，所謂無量功德之相常無斷絕，隨眾生根[22]，自然相應，種種而見[23]，得利益故。**

## 注釋：

1 隨染：隨順染法。本覺隨染分別，是說本覺本身無可言說，但從它隨順染法而有無明，又通過修行遠離染污而顯發，則可以區分其本體及相狀。

2 不相捨離：互不分離。

3 智淨相：指通過修行遠離無明染污，而顯現的如來清淨智慧之相。

4 業：造作，作用。不思議業相：指如來清淨智慧所具有的不可思議妙用。

5 法力：佛法的力量。這裏所謂的「法」，一是指如來藏所具有的功德；二是指佛菩薩的教法。

6 實：真實，指真如之理。如實修行，即破除虛妄，依真如之理修習行持。

7 和合識：即阿賴耶識。前文說過阿賴耶識是不生不滅的真如，與虛妄生滅的妄心的和合。破和合識相，即破除阿賴耶識中虛妄生滅的部分。

8 相續心：指念念相續的妄心。

9 法身：在這裏指不生不滅的本覺法身。

10 心識：指虛妄分別的心識。

11 覺性：指本覺的體性。

12 壞：壞滅。

13 水相風相不相捨離：指水的波動離不開風的作用。

14 動相：海水波動的相狀。

15 濕性：這裏以「濕性」概括水的本性。

16 濕性不壞故：金本無「故」字。

17 自性清淨心：也作如來藏心、真心。指眾生內在本有的清淨心。

18 心與無明俱無形相：相對於水和風而言，心與無明都屬於精神活動，沒有具體的形相。

19 心非動性：意思是說，虛妄分別不是心的本性。

20 智性：指如來藏自性清淨心所具有的智慧本性。

21 作：現起。

22 根：根性，根機。指眾生的德性、智慧、能力等。

23 「見」：通「現」，顯現。

**譯解：**

本覺本身無可言說，但從遠離虛妄分別而成就究竟覺而言，本覺則能夠顯發出兩種相狀，一是相對於虛妄雜染的清淨智慧，二是清淨智慧所具有的不可思議的妙用。

清淨智慧是依靠佛法的熏習，通過如實修行，圓滿具足一切功德方便，破除阿賴耶識中染污不實的部分，息滅阿賴耶識中微細相續的心相，顯現出如來清淨法身、淳淨智慧。具體而言，一切心識的相狀，都屬於無明。而無明的相狀，是與覺性分不開的。就其不離覺性而言，心識是不可破壞的；就其虛妄不實而言，心識又是可破壞的。這就像大海水，因風吹而波動，水的波動與風密切相關，但動相並不是水的本性。如果風止息了，水的波動也自然止息，但水的濕性卻不會破壞。同樣，眾生的自性清淨心，因無明妄念產生心識的種種相狀，心與無明不相分離。但虛妄分別不是自性清淨心的本性。如果

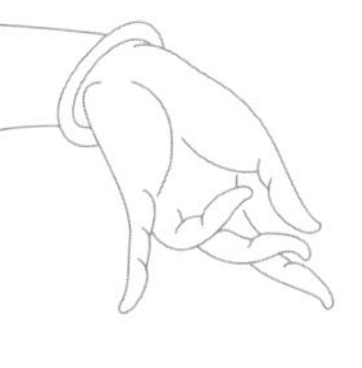

無明息滅了，眾生念念相續的妄心也自然息滅，但眾生的如來藏自性清淨心卻不會破壞。

本覺不可思議的妙用，是指佛的清淨智慧能夠現起一切勝妙的境界。其所具有的無量功德始終存在，能夠隨順眾生不同的根性，自然相應，顯現種種勝妙境界，使眾生獲得利益。

這裏所說的智淨相、不可思議業相，都是相對於眾生心的虛妄雜染而言的。所謂智淨相，指破除眾生心虛妄雜染而顯現的原本清淨的智慧。所謂不思議業相，是說眾生心的虛妄雜染本身從真如覺性顯現，因而體證真如，即能夠對眾生虛妄雜染發揮不可思議的勝妙作用，使眾生自然獲得利益。

**復次，覺體[1]相者[2]，有四種大義[3]，與虛空等，猶如淨鏡。云何為四？一者、如實空鏡。遠離一切心境界相[4]，無法可現，非覺照[5]義故。二者、因熏習[6]鏡。謂如實不空，一切世間境界悉於中現，不出不入[7]，不失不壞[8]，常住一心[9]，以一切法即真實性故[10]；又一切染法[11]所不能染，智體[12]不動，具足無漏[13]熏眾生故。三者、法出離[14]鏡。謂不空法[15]，出煩惱礙、智礙[16]，離和合相，淳淨明[17]故。四者、緣[18]熏習鏡。謂依法出離故，遍照[19]眾生之心，令修善根，隨念示現[20]故。**

## 注釋：

1 覺體：覺性本體。

2 者：宋本、元本作「智」。明本注曰：者，北藏作「智」。

3 大義：重要義理。

4 一切心境界相：包括一切虛妄分別心及一切虛妄境界相狀。

5 覺照：覺知觀照。

6 因：內因，即如來藏。因熏習：是說如來藏具有無量功德，能夠從內在熏習眾生。

7 不出：是說一切世間境界不是因覺性本體出現。不入：是說一切世間境界並不是從覺性本體之外進入。

8 不失不壞：不失落不壞滅。在這裏，指一切世間境界宛然顯現於真如覺性中，不失落，不壞滅。

9 常住一心：在這裏指覺性本體並不為一切世間境界所影響，只是常恆不變、絕對平等的真如一心。

10 真實性：真如本性。以一切法即真實性故：因為一切事物現象當體就是真如本性。

11 染法：指與無明相應的染法，包括虛妄分別心，和由虛妄分別顯現的事物和現象。

12 智體：即覺性本體。

13 具足無漏：即具足無漏性功德。

14 法：在這裏指真如心、如來藏心。出離：解脫。

15 不空法：即真實法、真如法。

16 煩惱礙：即煩惱障，指與我執相關的煩惱，對修行解脫的障礙。智礙：即所知障，指與法執相關的煩惱，對修行解脫的障礙。

17 淳淨明：指清淨的智慧，同上文所說的「智淨相」。

18 緣：相對於「因」而言，在這裏指佛菩薩的教說，能夠作為眾生修行解脫的外緣。

19 遍照：普遍照耀。

20 隨念示現：即隨眾生心念，現身說法。

## 譯解：

本覺體相廣大深遠，猶如虛空，又如同清淨明鏡，具有四個方面的重要義理。第一是如實空鏡。所謂如實空鏡，是說覺性本體遠離一切虛妄心境，不與一切虛妄境界相應，本來清淨，沒有實在的事物現象顯現，沒有實在的事物現象可覺照；第二是因熏習鏡。所謂因熏習鏡，是說一切世間境界都在本覺真心中顯現，它們雖然不是因本覺真心而出現，但是也不是從外界進入本覺真心；它們雖然從虛妄分別而生，但又與真如性體不可分離，法相井然，因果不亂，其本性即是常住不變的、絕對平等的本覺真心。本覺真心不為一切虛妄分別所染污，常住不變，具足圓滿無漏的功德，能夠從內在熏習眾生，厭離生死，修習佛法。所謂因熏習鏡，是說本覺真心能夠作為熏習眾生染污心的內因；第三是法出離鏡。所謂法出離鏡，是說眾生心的如來藏心通過修行，能夠從煩惱與虛妄境界中解脫出來，破除阿賴耶識中虛妄生滅的一面，顯現為清淨的智慧；第四是緣熏習鏡。所謂緣熏習鏡是說佛菩薩解脫煩惱妄染的清淨智慧，能夠遍照一切眾生之心，作為眾生修行解脱之「緣」，隨眾生心念方便示現，促進眾生修習善根。

本段從四個方面闡明覺性本體的內涵：一是說覺性本體是與一切虛妄境界性質不同的存在，本身無可言説；二是説因為眾生心皆從真如覺性而生，所以真如覺性能從內

在熏習眾生；三是說眾生通過修行，能夠從煩惱垢染當中解脫出來，恢復本來清淨的真如覺性；四是說佛菩薩修行成就的本覺智慧，能夠隨眾生心念方便示現，利益眾生。其中，前兩方面是從本然意義上說覺性本體，後兩方面是從修行成就的清淨智慧和不可思議的勝妙作用，說覺性本體的功德。

**所言不覺義者，謂不如實知真如法一[1]故，不覺心[2]起而有其念[3]，念無自相[4]不離本覺，猶如迷人[5]依方[6]故迷，若離於方則無有迷。眾生亦爾，依覺[7]故迷，若離覺性則無不覺，以有不覺妄想心故，能知名義[8]，為說真覺。若離不覺之心，則無真覺自相可說。**

**注釋：**

1　真如法一：真實平等的真如法界。即前文所說的「一法界」。

2　不覺心：虛妄分別的心識。

3　念：妄念。

4 自相：自身真實的相狀。

5 迷人：迷路的人。

6 方：東西南北的方位。

7 覺：覺性。

8 名義：概念、義理。

**譯解：**

所謂不覺，即是指不能如實地了知一切事物現象皆從真如顯現，因此產生虛妄分別心念。虛妄分別的心念依本覺而存在，其自身並沒有真實的相狀。這就好比迷路的人，因為有東西南北四個方位，才有所謂的迷失方向。如果沒有東西南北四個方位，也就不會有所謂的迷路了。眾生也是這樣，因為有覺性本體，所以才有所謂的迷惑。如果沒有了覺性本體，也就談不上不覺了。也正是因為眾生有無明妄心，所以能夠理解佛法道理，才能夠教導他真如覺性的義理。如果沒有眾生的不覺之心，也就談不上真覺的名

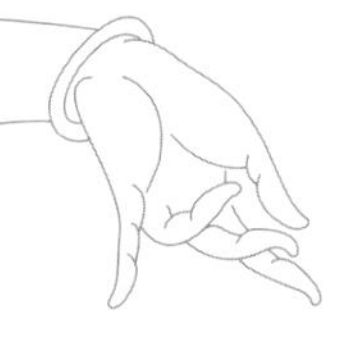

相了。

本段一是闡明不覺的內涵，即因為不能了悟一切事物現象都從真如覺性而生，因此而有妄念分別。二是說明不覺相對於覺性而存在。

**復次，依不覺故生三種相，與彼不覺相應不離。云何為三？一者、無明業相[1]。以依不覺故心動[2]，說名為業；覺則不動[3]。動則有苦[4]，果不離因故。二者、能見相[5]。以依動故能見[6]；不動則無見。三者、境界相[7]。以依能見故境界妄現[8]；離見則無境界。**

**以有境界緣故，復生六種相。云何為六？一者、智相[9]。依於境界，心起分別愛與不愛[10]故。二者相續相[11]。依於智故生其苦樂[12]，覺心起念[13]，相應不斷故。三者、執取相[14]。依於相續，緣念境界[15]，住持苦樂[16]，心起着[17]故。四者、計名字相[18]。依於妄執，分別假名言相[19]故。五者、起業相[20]。依於名字，尋名取着[21]，造種種業[22]故。六者、業繫苦相[23]。以依業受果[24]不自在[25]故。**

**當知無明能生一切染法[26]，以一切染法皆是不覺相故。**

## 注釋：

1 無明業相：無明即不覺，指不能如實了知真如法界。或者說不能如實了知一切事物現象同一真如。業：造作，行為活動。相：相狀。

2 心動：起心動念。

3 覺則不動：意思是說如果能夠如實了知真如法界，則常住真如自性，不會起心動念。

4 動則有苦：意思是說起心動念就會感招苦報。

5 能見相：指內在的心識的分別、了知作用。

6 依動故能見：金本作「心動故能見」，宮本作「依心動故能見」。意思是說，起心動念便會相應地產生心識的分別、了知作用。

7 境界相：指心識分別了知的對象。

8 以依能見故境界妄現：有心識的分別、了知，相應地便有虛妄的境界顯現。

9 智相：指對境界的分別。

10 愛與不愛：指對境界產生的合乎不合乎自身情意的反應。

11 相續相：指因為與外界的接觸，內在苦樂的感受相續不斷。

12 苦樂：苦樂的感受。指從合乎不合乎自身情意而生起的苦樂的感受。

13 覺心起念：這裏的「覺」是指感受。覺心起念是指因與外界的接觸，內心所生起的苦樂的感受。

14 執取相：指貪着、追求。

15 緣念境界：指對境界的攀緣、思慮。

16 住持苦樂：指執着、任持苦樂的感受。如執着快樂的感受，希望它持續下去；執着痛苦的感受，希望它遠離。

17 着：執着。

18 計名字相：指對名詞、觀念的分別、計較。

19 假名言相：指建立在虛妄分別基礎上的虛假的名詞、觀念。

20 起業相：指發起言說、行為等活動。

21 尋名取着：指對名詞、觀念的執着。

22 造種種業：造作種種善惡言說、行為活動。

23 業繫苦相：因為所造種種善惡言說、行為活動，而承受的苦報、束縛。

24 依業受果：明本注曰：果，疏本作「報」。

25 依業受果不自在：因為所造善惡言行活動而承受苦報，為業報輪迴所束縛，不得自由。

26 染法：染污之法，指上文所說的三種細相、六種粗相。

**譯解：**

因為不能如實了知真如法界，因而生起三種細相，與不覺相應不離。這三種細相，一是無明業相。因為不能如實了知真如法界，而起心動念，起心動念即是業。虛浮不實、生滅妄動的心相現前，全是因為不覺。如果處於覺悟狀態就不會起心動念；因為起

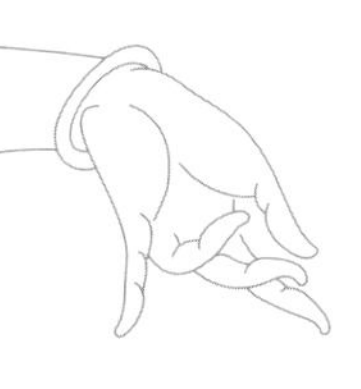

心動念的緣故，自然會感招苦報。二是能見相。因為起心動念，產生心識的能見。如果不起心動念，就不會產生能見的心識。三是境界相。因為心識的能見，相應地產生所見到的境界。如果沒有能見的心識，則不會有虛妄的境界顯現。

因為有境界相為緣，又產生六種粗相。這六種粗相，一是智相。指對境界的分別，及由此產生的喜愛和不喜愛。二是相續相。指從喜愛和不喜愛，而產生的自心對苦樂感受的相續不斷。三是執取相。是指從苦樂感受的相續不斷，攀緣、思慮苦樂境界，執着、住持苦樂境界，生起執着之心。四是計名字相。即從對苦樂的執着，對外在事物現象及內心的心理現象形成相應的名詞、觀念，對名詞、觀念分別、執着。五是起業相。即因對名詞、觀念的計較執着，而發生善惡的言行。六是業繫苦相。即因為善惡的言行，承受苦果，為生死所束縛。

可見，無明能夠產生一切染污之法，一切染污之法無不因為不能如實了知真如本性而產生。

這裏所説的不覺的三種細相、六種粗相，實際上揭示的是人的行為果報從無明不覺產生形成的過程及環節，與原始佛教的十二因緣説內容大體相應。所不同的是，《起信論》在無明不覺之外闡明真如覺性的存在。

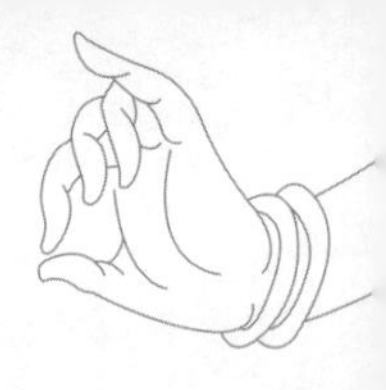

復次，覺與不覺有二種相。云何為二？一者、同相[1]，二者、異相[2]。

同相者[3]，譬如種種瓦器[4]皆同微塵[5]性相，如是無漏無明種種業幻[6]皆同真如性相。是故修多羅中依於此真如[7]義故[8]，說一切眾生本來常住，入於涅槃[9]，菩提[10]之法非可修相[11]、非可作相[12]，畢竟無得[13]，亦無色相[14]可見。而有見色相者，唯是隨染[15]業幻所作，非是智色[16]不空之性，以智相無可見故。

異相者[17]，如種種瓦器各各不同，如是無漏無明隨染幻差別，性染幻差別故[18]。

注釋：

1 同相：相同點，共同點。

2 異相：不同點，差別。

3 同相者：宋本、元本、明本、宮本、金本皆作：「言同相者」。

4 瓦器：瓦制的器皿。如茶碗、缽盂、瓷瓶等。

5 微塵：在這裏指泥土。

6　業幻：作用、幻相。這裏所說的「無漏無明種種業幻」，不僅包括眾生虛妄分別及由此產生的幻相，也包括成佛的清淨智慧所具有的隨緣示現的勝妙作用。

7　真如：金本無。明本注曰：疏本無「真如」二字。

8　義故：金本無「故」字。明本注曰：義下，疏本無「故」字。

9　常住：即前文所說的「常住一心」，這裏指眾生常住於真如性體。涅槃：指徹底斷除煩惱的根源，獲得的寂滅、解脫的精神境界。

10　菩提：佛教所說的無上智慧。

11　非可修相：指菩提之法非修習可得。

12　非可作相：指菩提之法非造作可得。

13　畢竟無得：是說菩提之法眾生心本來具足，不是從外修得。

14　色相：這裏指諸佛色身的相狀。

15　隨染：隨順眾生的妄心作用。

16 智色：這裏指法身的智慧和勝妙相狀。

17 異相者：宋本、元本、明本、宮本、金本皆作「言異相者」。

18 性：真如性體。染幻：為眾生心虛妄分別所污染。性染妄差別：是說真如性體為眾生虛妄分別所污染，而顯現出差別之相。

**譯解：**

覺與不覺又有相同和差異兩方面。

從相同的方面來說，就像各種各樣的瓦器，雖然有大小、方圓、顏色等的不同，但是都是泥土燒制而成。同樣，從覺與不覺生起的種種作用和現象，雖然有覺與不覺、勝妙作用與虛妄分別的不同，但究竟而言，都是以真如為體性的。因此，佛經中，從真如的立場說，一切眾生雖然在生死中流轉，卻又是常住真如本心，處於涅槃當中。而菩提涅槃之法，從法性平等而言，眾生都是以真如覺性為體，本來是佛，不能通過人為修習、造作，從外修得。所謂成佛的種種勝妙作用，究竟而言，同樣沒有實在性可得。而前面所說的成佛的種種勝妙作用，不過是覺性本體隨順眾生的妄心作用而顯現，並不是

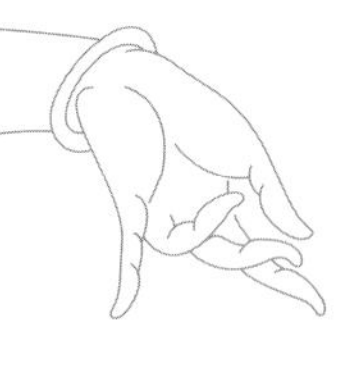

法身智慧和勝妙作用的真實本性，因為法身智慧本身是不可見的。

從差異的方面來說，就像各式各樣的瓦器存在大小、方圓、顏色等的不同，覺與不覺生起的種種作用和現象，也存在勝妙與虛妄的種種差別，其差別是真如本性隨順眾生的虛妄分別幻化而成。

本段闡明覺與不覺生起的種種作用和現象，從其都是真如覺性的顯現而言，是相同的；從其隨順眾生的虛妄分別而言，又存在勝妙作用與虛妄種種差別，因而又是不同的。這裏所說的「覺」不是單就真如覺性而言，也指覺性隨緣顯現的清淨智慧和勝妙作用。因為覺與不覺均是真如覺性的顯現，因而所謂修行成就，不是於真如覺性之外另外成就什麼功德智慧，而是通過破除虛妄染污，發揮真如覺性原本具足的清淨圓滿的勝妙作用。

**復次，生滅因緣[1]者，所謂眾生依心、意、意識轉故[2]。**

**此義云何？以依阿梨耶識說有無明，不覺而起，能見、能現、能取境界[3]，起念相續[4]，故說為意。此意復有五種名。云何為五？一者、名為業識[5]，謂無明力不覺心動故。二者、**

名為轉識[6]，依於動心能見相故。三者、名為現識[7]，所謂能現一切境界，猶如明鏡現於色像，現識亦爾，隨其五塵[8]，對至即現，無有前後[9]，以一切時任運而起[10]，常在前故。四者、名為智識，謂分別染淨法[11]故。五者、名為相續識，以念相應不斷故，住持[12]過去無量世等善惡之業令不失故，復能成熟[13]現在未來苦樂等報無差違故，能令現在已經之事[14]忽然而念，未來之事不覺妄慮。

是故三界虛妄[15]，唯心所作[16]，離心則無六塵境界。此義云何？以一切法皆從心起妄念而生，一切分別即分別自心[17]，心不見心，無相可得。[18]當知世間一切境界，皆依眾生無明妄心而得住持，是故一切法，如鏡中像，無體可得[19]，唯心虛妄[20]。以心生則種種法生，心滅則種種法滅故。

## 注釋：

1　生滅因緣：生滅心生起的因緣。

2　心：眾生心。意：指下文所說的「五識」。意識：包括眼識、耳識、鼻識、舌識、身識、意識等前六識。轉：依因緣而生起。

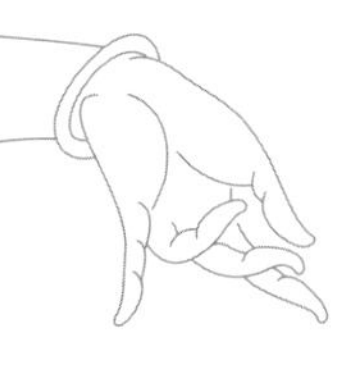

3　能取境界：對境界進行分別。

4　起念相續：心中起念，相續不斷。

5　業：造作、活動，在這裏指起心動念。業識：是指因為不能如實了知真如本性，而起心動念。

6　轉：生起。轉識：指因為起心動念，而生起能見分別心。

7　現識：指依於能見分別，顯現一切境界。這裏所謂的一切境界，包括人的身體和人之外的自然和社會環境及事物現象。

8　五塵：即色、聲、香、味、觸五種現象、境界。

9　對至即現，無有前後：指現識顯現的一切境界是即時顯現，沒有先後的。

10　任運而起：自然顯現。

11　分別染淨法：從現前的境界分別染污的事物現象和清淨的事物現象。

12　住持：宋本、明本、宮本作「任持」。住持，使相續不斷。

13　成熟：使果報成熟。報：果報。差違：差錯。

14 已經之事：曾經經歷的事。忽然而起：忽然想起。

15 虛偽：虛妄不實，沒有實在性。

16 唯心所作：都是妄心造作而生起。

17 一切分別即分別自心：因為一切境界從妄心而生，因此，自心對境界的分別，實際即是分別自心。

18 心不見心：自心不可能了知自心。無相可得：沒有實在性。

19 無體可得：沒有真實的自性。

20 唯心虛妄：只是妄心造作，虛妄不實。

**譯解：**

生滅心生起的因緣，指的是眾生的生滅心依心、意、意識為因緣展轉生起。

這裏所説的心，即眾生心，從生滅的方面來説，即阿賴耶識。從阿賴耶識而有無

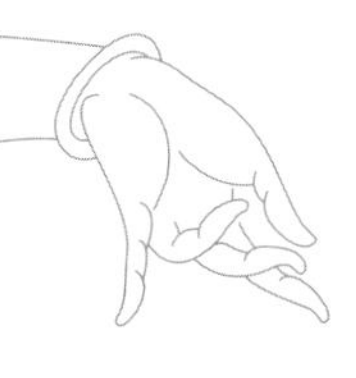

明，因為不能如實了知真如本性而起心動念，而有能見相、境界相、智相、相續相，總稱為意。意又有五種名稱。一是業識，指的是由於無明，不能如實了知真如本性而起心動念。二是轉識，指由於起心動念，而生起的能見分別心。三是現識，指能夠顯現一切境界。這裏所謂一切境界，包括眾生的身體及其環境萬物。就像明鏡能顯現色像一樣，現識顯現一切境界，是即時顯現，沒有先後的。這些境界一切時中自然顯現，始終在面前。四是智識，指對現前境界的分別認識。五是相續識，指經由不斷的分別認識，在心識中形成相續不斷的影像，因此能夠使過去無量世以來的善惡行為的影響相續不斷，住持不失；又能使現在與未來的苦樂果報得以成熟，沒有差錯。這實際說明，因果業報之發揮作用，是由相續識造成的；又能使過去經歷的事，忽然記起，對未來的事進行思慮。

因此，三界所有的一切，都是自心造作，虛妄不實的。如果沒有無明妄心，就不會有現前的一切境界。具體而言，一切事物現象都從無明妄心而生，一切分別實際上是在分別自心。既然是在分別自心，可見並沒有什麼真實存在的外在境界。所以應當知道世間的一切境界，都是依眾生的無明妄心得以延續、住持。因此，一切事物和現象，就像鏡中的影像一樣，沒有實在性，都是自心造作，虛妄不實。因為有心念的生起，才有事物現象的生起。心念止息了，種種事物現象也就消失了。

本段從生滅心生起的因緣闡明生滅心的不同環節或層次。《起信論》由此將生滅心劃

分為心→意→意識三個層面。其中，「心」指阿賴耶識。「意」包括業識、轉識、現識、智識、相續識。「意識」包括眼耳鼻舌身意前六識。《起信論》由心→意→意識的輾轉生起說明三界唯心的觀念。

**復次，言意識者，即此相續識，依諸凡夫取着轉深[1]，計我我所[2]，種種妄執，隨事攀緣[3]，分別六塵[4]，名為意識，亦名分離識[5]。又復說名分別事識[6]，此識依見愛煩惱[7]增長義故。**

## 注釋：

1 取：執取，追求。着：執着。轉深：進一步加深。

2 計：計較，分別。我：自我。我所：自我認識的對象。

3 事：事相。攀緣：人為貪着、思慮。

4 六塵：指色、身、香、味、觸、法六種事相、境界。分別是眼、耳、鼻、舌、

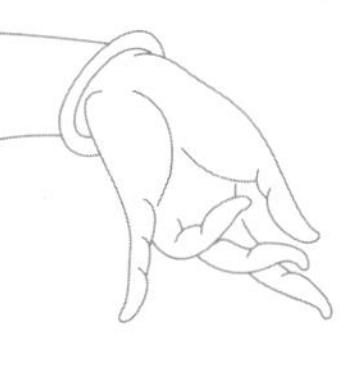

身、意六根認識的對象。

5 分離識：因為意識是從不同感官及意識器官，分別認識事物對象，所以稱之為分離識。

6 分別事識：因為意識是前六識對六塵境界的分別認識，所以稱為分別事識。

7 見：在這裏指錯誤的見解、認識，或顛倒的觀念。愛：指情意方面的貪愛、執着。見、愛是煩惱的兩個主要方面。

**譯解：**

所謂意識，即是指前面所說的相續識，因為凡夫追求、執着進一步加深，分別、計較自我與對象，產生種種虛妄執着，隨順六根境界貪着、思慮，分別色、身、香、味、觸、法種種境界，稱為意識，因從不同感官分別認識對象，也稱為分離識、分別事識。意識與心、意不同，它依深刻堅固的錯誤認識、顛倒觀念，依貪愛、執着而增長。

意識是在前面所說的「意」的基礎上，依循錯誤的見解、觀念、貪愛、執着等，對六根境界的分別、思慮。

依無明熏習所起識[1]者，非凡夫能知，亦非二乘智慧所覺。謂依菩薩，從初正信[2]發心觀察，若證法身[3]得少分知[4]，乃至菩薩究竟地[5]不能盡知[6]，唯佛窮[7]了。

何以故？是心從本已來自性清淨而有無明，為無明所染，有其染心。雖有染心而常恆不變，是故此義唯佛能知。所謂心性常無念故，名為不變，以不達一法界故，心不相應，忽然念起，名為無明。

## 注釋：

1 識：心識。

2 初正信：指成就正信，初入發心住以上的菩薩。

3 證法身：指證悟相應法身的初地以上的菩薩。

4 得少分知：即對無明熏習產生的心識獲得部分的了悟。

5 菩薩究竟地：指第十地法雲地菩薩。

6 「盡知」，底本作「知盡」，從宋本、元本、明本、宮本校改。

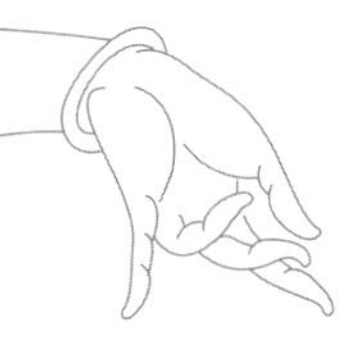

7　窮：窮盡，徹底。

**譯解：**

依無明熏習所產生的心識，凡夫無法了解，二乘修行的智慧也無法覺知，已成就正信初入發心住的菩薩能夠生起觀察，初地以上能夠體證相應法身的菩薩能夠獲得部分的了解，由此一直到究竟地菩薩也無法完全了悟，只有成佛才能究竟明了。

這是為什麼呢？眾生心原本自性清淨，而有無明，因為被無明所污染，形成染污的妄心。眾生心雖有染污但卻常恆不變，這一義理只有成佛才能究竟明了。這就是所謂心性本身遠離妄念，常恆不變，因為不能如實了知真如法界的緣故，眾生心不能與法界相應，忽然起心動念，稱為無明。

本段闡明心性為無明所染，又如何自性清淨？自性清淨又如何生起無明？其中義理只有成佛才能究竟明了。

染心[1]者有六種。云何為六？一者、執相應染[2]，依二乘解脫及信相應地遠離故[3]。二者、不斷相應染[4]，依信相應地修學方便[5]漸漸能捨，得淨心地究竟離故[6]。三者、分別智相應染[7]，依具戒地[8]漸離，乃至無相方便地[9]究竟離故。四者、現色不相應染[10]，依色自在地[11]能離故。五者、能見心不相應染，依心自在地[12]能離故。六者、根本業[13]不相應染，依菩薩盡地得入如來地能離故[14]。

不了一法界義者[15]，從信相應地觀察學斷[16]，入淨心地隨分得離[17]，乃至如來地能究竟離故。

## 注釋：

1 染心：染污之心，相對於清淨心而言。

2 執：執取。相應：指心與心所相互依存、相互對應。執相應染：指上文所說的意識的執取相、計名字相。

3 依二乘解脫：指聲聞、緣覺乘修行到無學位，能夠從執相應染中解脫出來。信相應地：指菩薩修行五十二階位中的十信位。

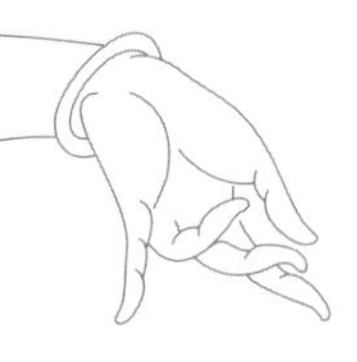

4　不斷：即相續不斷。不斷相應染：即對應於相續識的染心。

5　修學方便：修習六度、四攝、止觀等方便法門。

6　淨心地：十地中的初地，即初地歡喜地。究竟離：究竟捨離，徹底斷除。

7　分別智：即前文所說的智識。分別智相應染：指對應於分別智的染心。

8　具戒地：第二地離垢地。離垢地持戒圓滿，故稱具戒地。

9　無相方便地：第十地遠行地。十地菩薩假藉方便作用修無相觀，故稱無相方便地。

10　現色：即現識，現識能現一切境界，故稱現色。不相應：指沒有心心所差別，因而不存在心與心所的相互依存、相互對應。

11　色自在地：即第八地不動地。因為八地菩薩能於色得自在，所以稱色自在地。

12　心自在地：即第九地善慧地。九地菩薩於心得自在，故稱心自在地。

13　根本業：即前文所說的無明業相、業識。

14　菩薩盡地：即第十地法雲地，是菩薩地最後一地。因十地菩薩尚不能完全斷除根本業，要到如來地方能完全斷除，所以說「依菩薩盡地得入如來地能離故」。

15 不了一法界義者：即無明不覺。上文說六種染心的斷除，這裏說無明的斷除過程，可見染心是始終與無明不覺相伴隨的。

16 學斷：學習斷除。

17 隨分得離：指十地每地斷除一部分相應的染心。

**譯解：**

染心有六種。一是對應於意識的執取相、計名字相的執相應染，二乘修行到無學位能夠從中解脫，大乘修行到十信位即能夠遠離；二是對應於相續識的不斷相應染，大乘菩薩從信相應地開始修習六度、四攝、止觀等方便法門，能夠漸漸捨離，到淨心地能夠究竟斷除；三是對應於智識的分別智相應染，從第二地離垢地開始漸漸斷除，一直到第七地無相方便地能夠究竟斷除；四是與現識相對應的現色不相應染，第八不動地菩薩能夠斷除；五是與轉識相對應的能見不相應染，第九地善慧地菩薩能夠斷除；六是與無明業識相對應的根本業不相應染，要到菩薩究竟地圓滿，入如來地時斷除。

不能如實了知真如法性的無明不覺，從十信位開始觀察學習斷除，進入淨心地一步

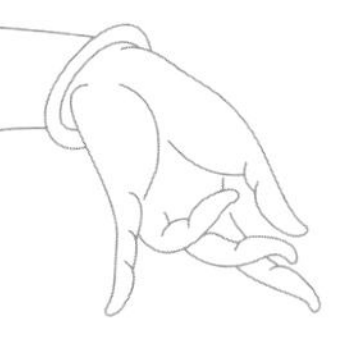

一步斷除，最後到如來地究竟解脱。

本段從淨心修習，淨化染污次第的角度，闡明眾生染污心的不同層次。文中將菩薩的階位（層次）與淨化染污的層次聯繫起來闡述。

**言相應義者，謂心念法異[1]，依染淨差別，而知相緣相同故[2]。不相應義者，謂即心不覺，常無別異[3]，不同知相緣相故。**

**又染心義者，名為煩惱礙，能障真如根本智[4]故。無明義者，名為智礙，能障世間自然業智[5]故。此義云何？以依染心能見、能現、妄取境界[6]，違平等性[7]故。以一切法常靜，無有起相[8]，無明不覺，妄與法[9]違故；不能得隨順世間一切境界種種智[10]故。**

**注釋：**

1　念法：心法，心所有法。心念法異，是説存在心與心所的差別。

2　知相：能知的心相。緣相：所緣的境相。知相緣相同，是説前三種相應染心的能

知的心相與所緣的境相相互依存，相互對應。

3 即心不覺：指眾生心不覺而起心動念，指後三種染心。常無別異：指後三種染心沒有心與心所的差別。

4 煩惱礙：六種染心之別名，會障礙真如的清淨智慧。

5 世間自然業智：即上文所説的不思議業相。因為成佛能夠了達世間的種種事相，自然地現起種種勝妙作用，所以稱為世間自然業智。

6 妄取境界：指前三種染心虛妄執取現前境界。

7 違平等性：與事物現象的平等法性相違背。

8 常靜：恆常寂靜。無有起相：沒有起滅的相狀。

9 法：在這裏指事物現象的真實本性。

10 種種智：種種智慧。

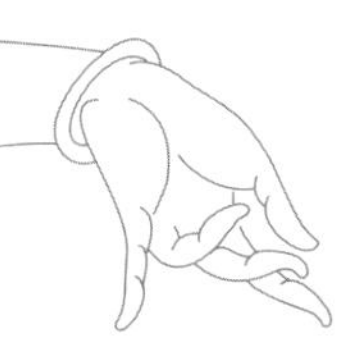

## 譯解：

前三種染心中的「相應」，是說這三種染心有心與心所的差別。這三種染心雖然染淨的程度不同，但它們各自的心與心所在能知的心相和所緣的境相上相互對應，因此稱之為「相應」。而後三種不相應染心中的「不相應」，則是說這三種染心是眾生心不覺而起心動念，沒有心與心所的差別，因此也沒有所謂能知的心相和所緣的境相的相互對應，因此稱為「不相應」。——這裏所說的「相應」是指前三種染污心都有認識和認識對象相對應而存在。所說的「不相應」則是指後三種染污心沒有認識與認識對象的對應存在，是在自心不覺的狀態下生起的。

所謂「染心」，也稱作煩惱障礙，它會障礙真如清淨智慧的顯現。所謂「無明」，又稱作所知障，它會障礙成佛隨順世間種種事相、自然現起的種種勝妙作用和智慧。這是因為，染心的能見、能現、分別執取境界，違背真如平等法性。意思是說，不同人因為感興趣、關注的事情不同，所以能見、所見、執着的事物不同，因而不能平等看待、對待一切事物現象。一切事物現象法性平等，寂靜無有差別，無明虛妄不實，與法性相違背，因此不能獲得隨順世間種種事相的種種智慧。——這裏將染污心視為煩惱障，說明染污心障礙自性清淨智慧；又將無明視為所知障，說明從自我出發的認知思維取向及認識，會障礙自性本有的勝妙作用。

復次，分別生滅相[1]者，有二種。云何為二？一者、粗，與心相應故[2]。二者、細，與心不相應故[3]。又粗中之粗[4]，凡夫境界；粗中之細[5]及細中之粗[6]，菩薩境界；細中之細[7]，是佛境界。此二種生滅，依於無明熏習而有，所謂依因、依緣[8]。依因者，不覺義故[9]；依緣者，妄作境界義故[10]。若因滅則緣滅，因滅故不相應心滅，緣滅故相應心滅。

問曰：「若心滅者，云何相續[11]？若相續者，云何說究竟滅？」

答曰：「所言滅者，唯心相滅，非心體滅[12]。如風依水而有動相[13]。若水滅者，則風相斷絕，無所依止[14]。以水不滅，風相相續，唯風滅故，動相隨滅，非是水滅。無明亦爾，依心體而動[15]，若心體滅[16]，則眾生斷絕，無所依止。以體不滅，心得相續[17]，唯癡[18]滅故心相隨滅，非心智[19]滅。」

## 注釋：

1 分別：區分。生滅相：指生滅心生起與還滅的相狀。

2 粗：這裏指粗生滅相。與心相應：有心所與心相對應。在這裏指三種相應染心。

3 細：指微細生滅相。與心不相應：沒有心所與心相對應。在這裏指三種不相應染心。

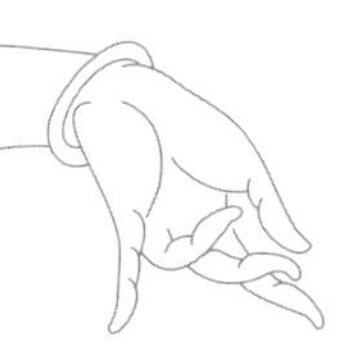

4 粗中之粗：粗相中的粗相。指執相應染。

5 粗中之細：粗相中的細相。指不斷相應染和分別智相應染。

6 細中之粗：細相中的粗相。指現色不相應染和分別智不相應染。

7 細中之細：細相中的細相。指根本業不相應染。

8 因：內因。緣：外緣。依因依緣：指眾生心依因緣而生起還滅。

9 不覺義：無明不覺而起心動念。這句話是說，眾生心的無明不覺，是眾生心生滅相生起還滅的內因。

10 妄作境界：虛妄執着、分別境界。這句話是說，眾生心虛妄執着、分別相應的外境，是眾生心生滅相生起還滅的外緣。

11 心滅：指上文所說的染心的息滅。這裏所說的「相續」是指眾生的相續。

12 心相：指眾生心現起的虛妄幻相。心體：指眾生心的真如性體。

13 動相：指波浪。

14 無所依止：沒有依存的本體。

15 依心體而動：依心性本體而起心動念。

16 明本注曰：體滅下，疏本有「者」字。

17 以體不滅，心得相續：因為心性本體不斷滅，眾生心的虛妄心相得以相續。

18 癡：指無明執着。

19 心智：真如智性。

**譯解：**

生滅心的生滅相有兩種，一是粗生滅相，與心相應。二是細生滅相，與心不相應。而粗相中的粗相，即執相應染，屬於凡夫境界。粗相中的細相，包括不斷相應染、分別智相應染；細相中的粗相，包括現色不相應染和能見心不相應染，則屬於菩薩的境界。而細相中的細相，即根本業不相應染，則是佛的境界。這兩種生滅相，都是依無明熏習而生起，即經中所說的以因緣而生起。所謂依因而生起，是說無明不覺生起三種不相應的染心，是生滅相生起的內因。所謂依緣而起，是說眾生將無明不覺所顯的境界執為實有，以妄心分別、執取，生起三種相應染心，這是生滅現象生起的外緣。如果無明不覺

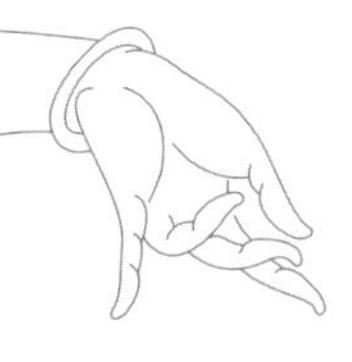

的內因息滅了，則妄心分別執取的外緣也就止息了。無明不覺的內因息滅了，則三種不相應染心隨之息滅；分別執取的外緣息滅了，則三種相應染心隨之息滅。——本節又將無明不覺稱為染污心生起之因，將虛妄執着、分別境界等稱為染污心生起之緣。息滅染污心生起的因緣，則妄染心自然相繼息滅。

有人會問：「如果不相應染心和相應染心都息滅了，那麼眾生如何相續呢？如果無明不息滅，眾生能夠相續，又怎麼說究竟息滅呢？」

應該了解，所言息滅，只是自心現起的虛妄幻相的息滅，並不是真如心體的息滅。這就像風吹動海水而生起波浪。如果說是水斷滅了，則波浪無所依止，也必然斷滅。因為水不斷滅，所以波浪得以相續。只是因為風止息了，所以波浪隨之息滅，並不是說水也斷滅了。無明也是這樣，心體因無明不覺起心動念，如果說心體斷滅了，則眾生無所依止，必然也隨之斷滅。因為心體不斷滅，眾生心得以相續。只是無明執着息滅了，眾生心所現的虛妄幻相隨之息滅，眾生心的本覺性體並沒有息滅。——本節以水、風和水的動相為喻，闡明妄染心息滅，並不意味着真如心體的斷滅，因此也不意味着眾生生命的斷滅。意思是說，佛法修行是教我們息滅妄染心，使內在本有的清淨智慧呈現、發揮妙用，並不是教我們斷滅心體，槁木死灰。

復次，有四種法熏習[1]義故，染法[2]、淨法[3]起不斷絕。云何為四？一者、淨法，名為真如。二者、一切染因[4]，名為無明。三者、妄心[5]，名為業識。四者、妄境界，所謂六塵。

熏習義者，如世間衣服實無於香，若人以香而熏習故，則有香氣。此亦如是，真如淨法實無於染，但以無明而熏習故，則有染相[6]。無明染法實無淨業[7]，但以真如而熏習故，則有淨用[8]。

**注釋：**

1 熏習：熏染。即一種事物熏染另一種事物並發生影響作用。

2 染法：染污之法。指由無明妄念而生起的世間生滅事物和現象。

3 淨法：清淨之法。指遠離染污之法的真如性體。

4 一切染因：一切染污之法生起的內因。

5 妄心：虛妄分別之心。

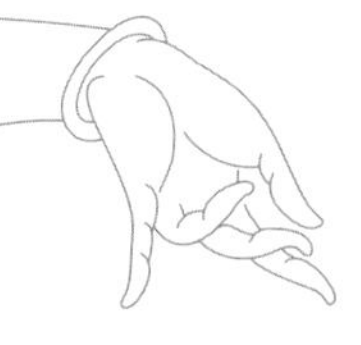

6　染相：染污的幻相。

7　淨業：清淨的身心活動。

8　淨用：清淨的勝妙作用。

**譯解：**

有四種法相互熏習，使染污之法和清淨之法生起、相續不斷。這四種法，一是清淨法，稱為真如。二是一切染污現象生起的內因，稱為無明。三是依無明不覺而生起的虛妄分別之心，稱為業識。四是虛妄顯現的境界，稱為六塵。

所謂熏習，譬如衣服從來沒有香氣，如果有人以一種香氣熏染，衣服於是就留有香氣了。這裏所說的「熏習」也是這樣，真如性體本來清淨，沒有染污，但如果以無明熏染它，就會生起染污的幻相。同樣，無明染法，本身並沒有清淨的行為活動，但如果以真如清淨性體進行熏習，則會生起清淨的勝妙作用。

本段開始闡明心性染污與淨化過程中存在的種種熏習作用。這裏說明存在真如、

無明、妄心、妄境界四種能發生熏習作用的要素。其中，無明是一切染法生起的根本原因。《起信論》不同於般若中觀和瑜伽行派的地方，即在於，它肯定真如對染污心具有熏習作用。

云何熏習起染法不斷？[1]所謂以依真如法故，有於無明；以有無明染法因[2]故，即熏習真如；以熏習故，則有妄心；以有妄心，即熏習無明。不了真如法故，不覺念起[3]，現妄境界。以有妄境界染法緣[4]故，即熏習妄心，令其念着[5]，造種種業，受於一切身心等苦。

此妄境界熏習義[6]則有二種。云何為二？一者、增長念熏習[7]，二者、增長取熏習[8]。妄心熏習[9]義則有二種。云何為二？一者業識[10]根本熏習，能受阿羅漢、辟支佛、一切菩薩生滅苦故[11]。二者、增長分別事識熏習[12]，能受凡夫業繫苦[13]故。

無明熏習[14]義有二種。云何為二？一者、根本熏習，以能成就業識義故[15]。二者、所起見愛熏習，以能成就分別事識義故[16]。

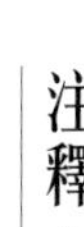

**注釋：**

1 這句話是說，如何熏習生起染污之法並相續不斷？

2 無明染法因：無明作為染污之法生起的內因。

3 念起：妄念生起。

4 妄境界染法緣：虛妄境界作為染污之法的外緣。

5 念：生起妄念。着：執着、執取。

6 妄境界熏習：即妄境界對妄心的熏習。

7 增長念熏習：增長妄念的熏習。

8 增長取熏習：增長執取、執着的熏習。

9 妄心熏習：妄心對無明的熏習。

10 業識：妄心的根本方面，相對於分別事識而言，是妄心的微細層面。

11 阿羅漢：是聲聞修行的第四果位，意為沒有執着、值得眾生供養。辟支佛：又稱

緣覺、獨覺，指獨自快道，自利而不能利他的修行覺悟者。阿羅漢、辟支佛、一切菩薩生滅苦，是一種變易生死苦。變易生死是一種微細生滅，剎那變易狀態，是相對於凡夫的分段生死而言的。分段生死即有身體的生死起滅。

12 增長分別事識熏習：分別事識即前六識，因為前六識主要是分別現前的虛妄事相，所以稱為分別事識。分別事識是妄心的枝末方面。增長分別事識熏習，突出分別事識對錯誤認識、貪愛執着的增長作用。

13 業繫苦：行為果報束縛的痛苦。

14 無明熏習：指無明對真如的熏習。

15 意思是說，因為無明對真如的根本熏習，形成阿賴耶識。

16 見：邪見，錯誤認識。愛：貪愛執着。這句話是說，因無明所起的錯誤觀念、貪愛執着的熏習，形成前六識。

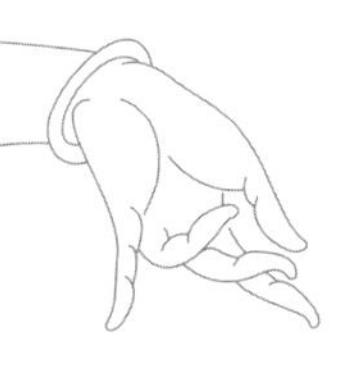

**譯解：**

心性染污過程中的熏習作用是怎樣的情形呢？它包括如下層面：無明不覺依真如清淨性體而生起。無明作為染污之法生起的內因，熏習真如。因為無明熏習真如，生起妄心，於是又有妄心熏習無明。因為不能如實了知真如法界，不覺生起妄念，生起虛妄境界。虛妄境界又作為染法生起的外緣，熏習妄心，使妄心生起妄念、執着，由此生起種種行為活動，並因此承受一切身心的苦果。

妄境界對妄心的熏習有兩種，一種是增長妄念的熏習，一種是增長執着的熏習。妄心熏習有兩種，一是根本業識熏習，能招致阿羅漢、辟支佛、一切菩薩的三種變易生死的苦果。二是增長分別事識熏習，能使凡夫遭受分段生死的苦果。

無明熏習有兩種，一是根本熏習，即無明熏習真如，成就阿賴耶識。二是由無明所生起的錯誤觀念和貪愛執着的熏習，能夠成就前六識。

本段闡明心性染污過程中存在的熏習作用。它包括無明熏習真如，生起妄心；妄心熏習無明，顯現妄境界；妄境界熏習妄心，造作種種言行。平常人平日面對種種境界，自心不自覺地受外在境遇影響，即是這裏所說的妄境界熏習。比如說今天的年輕人迷戀網絡遊戲，網絡遊戲便是作為妄境界，對人產生種種不良影響。

云何熏習起淨法不斷？所謂以有[1]真如法故，能熏習無明，以熏習因緣力故，則令妄心[2]厭生死苦、樂求涅槃。以此妄心有厭求因緣故，即熏習真如，自信己性[3]，知心妄動[4]，無前境界[5]，修遠離法[6]。以如實知無前境界故，種種方便[7]，起隨順行[8]，不取不念[9]，乃至久遠熏習力故，無明則滅。以無明滅故，心無有起[10]，以無起故境界隨滅，以因緣俱滅故[11]，心相皆盡，名得涅槃，成自然業[12]。

注釋：

1　「有」，金本無。

2　妄心：這裏所説的「厭生死苦，樂求涅槃」，仍屬妄心追求，所以稱為「妄心」。

3　己性：內在真如覺性。

4　知心妄動：了知現前境界是因為自心妄動的結果。

5　無前境界：沒有現前境界可得。即現前境界虛妄不實。

6　修遠離法：修習遠離虛妄心念、虛妄境界的方法。

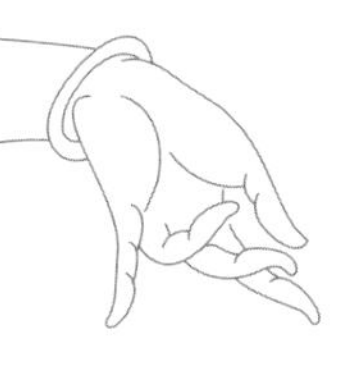

7 方便：方便法門，指隨順實際情況權且使用的方法，是相對於真如法而言的。

8 隨順行：隨順真如的行為。

9 不取不念：不執取，不起妄念。

10 心無有起：妄心不起。

11 因：指無明作為染污之心生起的內因。緣：指虛妄境界作為染污之心生起的外緣。因緣俱滅：即是指無明和虛妄境界都息滅。

12 自然業：自然生起的隨順世間的勝妙行為和作用。

**譯解：**

如何熏習生起清淨之法並相續不斷呢？真如覺性能熏習無明，因為真如覺性熏習無明的因緣，能使妄心生起厭離生死痛苦，追求涅槃境界的意願。因為厭離生死痛苦，樂於追求涅槃的因緣，熏習真如，對內在真如覺性生起信心，了悟生死苦報是自心妄動的結果，現前境界虛妄不實，因而能修習遠離虛妄心念、虛妄境界的佛法。因為能如實了

知現前境界的虛妄不實，因此能以種種方便法門，生起隨順真如的行為，對現前境界不執取，不起妄念，如此經過長久不斷的熏習，破除無明。因為無明息滅，妄心不起。因為妄心不起，虛妄境界隨之息滅。因為無明和虛妄境界都息滅了，虛妄心相滅除淨盡，獲得涅槃解脫，自然成就隨順眾生因緣的勝妙行為和作用。

本段開始說明心性淨化過程中的熏習作用。它包括如下層面：一是真如熏習無明，令妄心生起追求涅槃解脫的意願。二是妄心熏習真如，令自心遠離虛妄境界。本段從熏習的角度闡明了修行淨化、涅槃解脫的過程。

**妄心熏習[1]義有二種。云何為二？一者、分別事識熏習[2]，依諸凡夫二乘人等，厭生死苦，隨力所能[3]，以漸趣向無上道[4]故。二者、意熏習[5]，謂諸菩薩發心[6]勇猛速趣[7]涅槃故。**

## 注釋：

1 妄心熏習：在這裏，指修行生起清淨法過程中的妄心熏習。

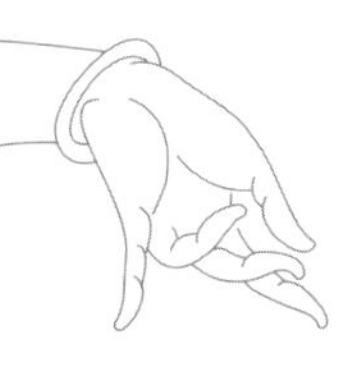

2 分別事識熏習：凡夫和二乘人修行，執着現前境界的實有，其修行主要是在分別事識層面進行，所以其妄心熏習，是分別事識熏習。

3 隨力所能：指凡夫和二乘人各隨自己的能力。

4 無上道：無上菩提之道。

5 意熏習：這裏的「意」指上文的「五意」。菩薩修行能夠破除分別事識，了悟一切唯心的義理，其修行主要在五意層面進行，所以其妄心熏習，稱為意熏習。

6 發心：發大菩提心。

7 速趣：相對於「漸趣」而言，指迅速趣向。

**譯解：**

進修清淨法的過程中的妄心熏習有兩種，一是分別事識熏習，指凡夫和二乘人厭離生死痛苦，各隨自身力量修行，漸漸趣向無上菩提之道。因為凡夫和二乘人執着虛妄境界的實有，其修行主要停留於分別事識層面，所以稱為分別事識熏習。二是意熏習，指

菩薩發大菩提心，勇猛精進修行，能夠迅速趣向無上菩提之道。因為菩薩修行能夠破除分別事識，了悟一切唯心的義理，其修行主要在五意的範圍進行，所以稱為意熏習。

這裏所說的妄心熏習，指修行人在未能如實了知真如法時所進行的修習，都是建立在妄心基礎上的。

**真如熏習義有二種。云何為二？一者、自體相熏習[1]，二者、用熏習[2]。**

**自體相熏習者，從無始世來[3]，具無漏法[4]，備有不思議業[5]，作境界之性[6]。依此二義恆常熏習，以有力故，能令眾生厭生死苦、樂求涅槃，自信己身有真如法[7]，發心修行。**

**問曰：「若如是義者，一切眾生悉有真如，等皆熏習[8]，云何有信、無信，無量前後差別？皆應一時[9]自知有真如法，勤修方便，等入涅槃[10]。」**

**答曰：「真如本一，而有[11]無量無邊無明，從本已來自性差別[12]，厚薄不同[13]故。過恆沙[14]等上煩惱[15]，依無明起差別。我見、愛染[16]煩惱，依無明起差別。如是一切煩惱，依於無明所起，前後無量差別，唯如來能知故。**

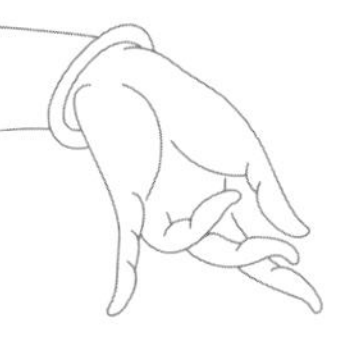

## 注釋：

1 體相：指真如的體大、相大。自體相熏習：指真如體性內在的熏習。

2 用熏習：指真如的用大顯現報身、化身，所起的教化、熏習作用。

3 從無始世來：真如覺性常恆存在，沒有開始，所以說從無始世以來。

4 具無漏法：具有圓滿無漏的功德法。

5 備有不思議業：指真如具備不可思議的作用。

6 作境界之性：造作境界的本性、能力。

7 真如法：真如圓滿無漏的功德法。

8 等：平等，同樣。等皆熏習：同樣有真如的熏習。

9 一時：同時。

10 等入涅槃：一起證入涅槃。

11 「有」，金本無。

12 自性差別：指眾生根性不同。

13 厚薄不同：指不同眾生無明熏習真如的程度不同。

14 「過恆沙」，宋本、元本、明本、宮本均作「有過恆河沙」：指超過恆河沙數。

15 上煩惱：也稱隨煩惱。即隨無明生起的煩惱。

16 我見：我執、法執的見解。愛染：貪愛執着。

**譯解：**

真如熏習有兩種，一是真如自體相熏習，二是真如用熏習。

所謂真如自體相熏習，是說真如原本具有圓滿無漏的功德法，具備不可思議的勝妙作用，具有造作各種境界的能力。真如自體相熏習這些功德、作用恆常有力的熏習，能令眾生厭離生死痛苦，樂於追求涅槃解脫，相信自身具有真如圓滿無漏的功德法，因而能夠發心修行。——真如自體相熏習實際上是強調真如本身自有的功德、作用，能令眾生發心修行。

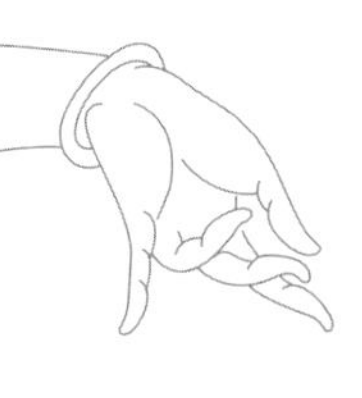

有人會問，一切眾生都有真如覺性，同樣具有內在真如的熏習作用，為什麼會有的人生起信心，有的人不能生起信心，不同人生起信心又會有先後的不同呢？依照上面的義理，應該所有眾生同時相信自身具備真如圓滿清淨的功德法，勤奮修習相應的方便法門，平等地證入涅槃境界才對呀。

應該了解，眾生的真如覺性本身沒有什麼不同，但眾生的無明卻有無量無邊。無始以來，不同眾生根性不同，無明厚薄不同。又有無量恆河沙數的煩惱，依無明生起，各不相同；無量恆河沙數的錯誤見解、貪愛執着，依無明生起，各各不同。像這樣，依無明生起的一切煩惱，有前後無量的差別，只有如來能夠了知。

這裏的問答旨在闡明：之所以眾生真如覺性沒有什麼不同，但是不同眾生卻對真如法有信與不信，其原因在於不同眾生根性、業障有差別。

**又諸佛法有因有緣[1]，因緣具足乃得成辦[2]。如木中火性是火正因[3]，若無人知，不假方便[4]，能自燒木[5]，無有是處。眾生亦爾，雖有正因熏習之力[6]，若不值[7]遇諸佛菩薩、善知識等，以之為緣，能自斷煩惱入涅槃者，則無[8]是處。若雖有外緣之力[9]，而內淨法未有熏習力[10]者，亦不能究竟厭生死苦、樂求涅槃。若因緣具足者，所謂自有熏習之力，**

又為諸佛菩薩等慈悲願護[11]故，能起厭苦之心，信有涅槃[12]，修習善根。以修善根成熟故，則值諸佛菩薩示教利喜[13]，乃能進[14]趣，向涅槃道。」

注釋：

1 有因有緣：有內因和外緣兩個方面。這裏的內因，是指真如的內熏力。外緣，是指遇到佛菩薩、善知識的攝受、教導。

2 成辦：成功、成就。

3 這句話是說，木中火性是木燃燒的內因。

4 方便：指一定的方法、外緣作用，如鑽木取火等。

5 能自燒木：是說沒有一定的外緣作用，火性能夠讓木自己燃燒。

6 正因熏習之力：指內在的真如熏習的力量。

7 「值」，宋本、元本、明本、宮本、金本均無。

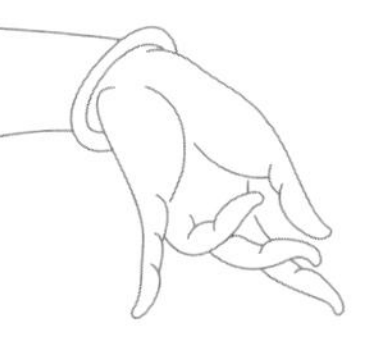

8 「無」後，金本有「有」字。

9 外緣之力：指遇到佛菩薩、善知識的攝受、教導。

10 內淨法：指內在的真如熏習之法。因真如熏習是修行清淨的內因，所以稱為內淨法。內淨法未有熏習力：是說無明煩惱深厚，內在真如熏習不得力。

11 諸佛菩薩等慈悲願護：指有諸佛菩薩等的慈悲願力攝受、護念。

12 信有涅槃：相信自己內在本有清淨涅槃本性。

13 示教利喜：開示教導修行佛法的利益和安樂。

14 進：精進修行。

**譯解：**

還有，佛法修行有內因和外緣兩方面，因緣具足才能修行成就。這好比木頭本身具有火性，木中火性是木頭燃燒的內因。但假如沒有人知道，不知道借助鑽木取火等等方便，想讓木頭自己燃燒起來，這是不可能的。眾生也是這樣，雖然眾生內在具有真如熏

習的正因，但如果沒有遇到佛菩薩、善知識作為外緣，想讓眾生自己斷除煩惱，證入涅槃，同樣是不可能的。而如果遇到佛菩薩、善知識的外緣，但內在真如的熏習力不足，也不能究竟厭離生死痛苦，樂於追求涅槃解脱。如果內因和外緣同時具足，即自身具有真如熏習之力，又為諸佛菩薩、善知識的慈悲願力所攝受、護念，則能生起厭離生死痛苦之心，相信自身本具涅槃清淨本性，而能不斷修行，增長善根。如是修習善根圓滿成熟，遇到諸佛菩薩開示教化佛法修行的利益和安樂，才能精進修行，趣向無上涅槃之道。

本段話是説佛法修行應具足因緣兩方面條件，所謂內因具足，是指個人內在真如自體相的熏習力具足。所謂外緣具足，是指修行人在修行過程中能夠遇到諸佛菩薩和善知識的教導。

**用熏習者，即是眾生外緣之力。如是外緣有無量義，略説二種。云何為二？一者、差別緣[1]，二者、平等緣[2]。**

**差別緣者，此人依於諸佛菩薩等，從初發意[3]始求道時，乃至得佛[4]，於中若見若念[5]，或為眷屬[6]父母諸親，或為給使[7]，或為知友，或為怨家[8]，或起四攝[9]，乃至一切所作無量行[10]緣，以起大悲熏習之力，能令眾生增長善根，若見若聞得利益故。此緣有二種。**

**云何為二？一者、近緣[11]，速得度[12]故。二者、遠緣[13]，久遠得度故。是近遠二緣，分別復有二種。云何為二？一者、增長行緣[14]，二者、受道緣[15]。**

**平等緣者，一切諸佛菩薩，皆願度脫一切眾生[16]，自然熏習[17]，恆常不捨。以同體智力[18]故，隨應見聞[19]，而現作業[20]。所謂眾生依於三昧[21]，乃得平等見諸佛故。**

## 注釋：

1 差別緣：指不同眾生不同的外緣。

2 平等緣：指所有眾生共同的外緣。

3 初發意：最初發菩提心。

4 得佛：成就佛道。

5 見：親身見到佛菩薩。念：指心中憶念諸佛菩薩。

6 眷屬：指父母、兄弟姐妹、夫妻、子女等。

7 給使：供主人使喚的人。即僕役、奴婢等。

8 怨家：冤家對頭。

9 四攝：指菩薩為攝受眾生，使趣向佛道，所行的四種事法。四攝包括佈施、愛語、利行、同事。佈施：施予眾生所需要的物質生活資料。愛語：愛心寬慰的言語。利行：利益眾生的行為。同事：與眾生從事共同的事業。

10 行：行為事業。

11 近緣：指時間上靠近的外緣。即能幫助眾生很快成就佛道的外緣。

12 得度：得到解脫，或成就佛道。

13 遠緣：指時間上要在久遠之後才發揮作用的外緣。佛教認為，有的眾生的佛緣是一種間接得到利益的緣，往往需要等很長時間甚至要過若干世之後，才發揮作用，修行成就佛道。

14 增長行緣：只能夠增長眾生佈施、持戒、忍辱等福德修行的外緣。

15 受道緣：指能夠使眾生契入佛道、成就佛道的外緣。

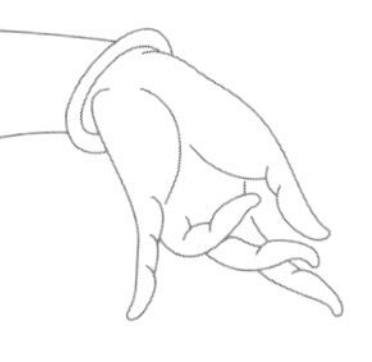

16 皆願度脱一切眾生：是說諸佛菩薩的願力平等，都願意平等地度脱一切眾生。

17 自然熏習：自然而然地熏習眾生。自然，相對於人為造作而言。

18 以同體智力：指諸佛菩薩以與眾生同一體的清淨智慧力。

19 隨應見聞：指隨順眾生應當見到的佛身、應當聽聞的佛法種種不同的機緣。

20 而現作業：示現相應的不可思議的行為、妙用。

21 三昧：也譯作三摩地，指心注一境而不散亂的精神境界。

**譯解：**

所謂真如用熏習，即是指眾生修行佛法的外緣之力。這樣的外緣有眾多的意義，簡略說來地說有兩種。一是差別緣，二是平等緣。

所謂差別緣，是說不同眾生有不同的修習佛法的外緣。一個人依靠諸佛菩薩、善知識等，從最初發菩提心，開始追求無上菩提之道，一直到最後成就佛道，在這過程中，或親身見到諸佛菩薩等現身說法，或心中憶念諸佛菩薩的功德，諸佛菩薩或變現為他的

父母親屬，或為他做僕役，或成為他的知心朋友，或變現為他的冤家對頭，或為眾生趣向佛道而行佈施、愛語、利行、同事「四攝」，乃至所做的一切無量事行。這一切，都是佛菩薩、善知識等所起的大悲熏習之力，能使眾生增長善根。眾生不管是親身見到，還是間接聽到，都能從中獲得利益。差別緣又可以分為兩種，一種是近緣，能讓眾生很快修行解脱，成就佛道。一種是遠緣，眾生可以因之經過久遠時間獲得解脱。近緣、遠緣又可以分為兩種，一種是增長眾生佈施、持戒、忍辱等福德修行的外緣，一種是使眾生契入佛道的外緣。

所謂平等緣，是指一切諸佛菩薩，都發願度脱一切眾生，這種大悲願力，對於眾生自然生起恆常不斷的熏習作用；又因為具有與眾生同一體的清淨智慧力，能夠隨順眾生應當見到的佛身、應當聽到的佛法，而示現相應的勝妙作用。眾生依於勝義的真實三昧，在清淨定心中，能夠平等地見到十方諸佛。

本段講真如用熏習，也就是眾生修行的外緣。外緣從諸佛菩薩的角度言是平等緣，意思是説諸佛菩薩均願平等無差別度脱一切眾生。從眾生角度言則是差別緣，意思是説不同眾生根機不同，在修行成佛過程中所遇到的外緣是各各不同的。

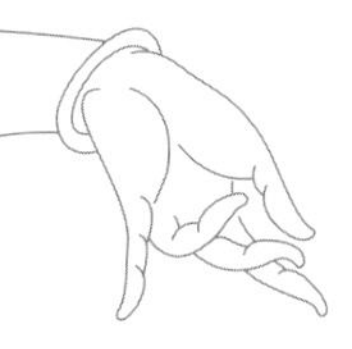

**此體用熏習，分別復有二種。云何為二？一者、未相應[1]，謂凡夫、二乘、初發意菩薩等[2]，以意、意識熏習[3]，依信力[4]故，而能[5]修行；未得無分別心[6]與體[7]相應故，未得自在業[8]修行與用相應故。二者、已相應，謂法身菩薩[9]得無分別心，與諸佛智用[10]相應，唯依法力[11]，自然修行，熏習真如，滅無明故。**

**注釋：**

1　未相應：指尚不能與真如熏習相應。

2　初發意菩薩等：初發意菩薩：指初住菩薩。初發意菩薩等，包括十住、十行、十回向等三十階位的菩薩。

3　意、意識：指前文所說的五意、意識。以意、意識熏習：是說凡夫、二乘人、初發意菩薩等，是以意、意識熏習修行。

4　信力：對佛法信仰的力量。

5　「能」，宋本、元本、明本、宮本、金本均無。

6 無分別心：即超越妄心分別，與真如相應的智慧。

7 體：真如性體。

8 自在業：也稱「自在業智」。即本來具有的勝妙作用和智慧。

9 法身菩薩：即十地菩薩。因為十地菩薩已證真如法身，以真如法身為身，所以稱為法身菩薩。

10 諸佛智用：諸佛的清淨智慧和勝妙作用。

11 法力：在這裏指真如法之力。

**譯解：**

真如體用熏習，又可以分為兩種，一是未相應熏習，是說凡夫、二乘修行人、初發意菩薩等的真如熏習，屬於意和意識層面熏習，他們依靠對佛法的信仰進行修行，尚不能以無分別心與真如自體性熏習相應，不能以本來具有的勝妙作用和智慧與真如用熏習相應。二是已相應熏習，是說法身菩薩證得無分別心，能與諸佛的清淨智慧和勝妙作用

相應，他們依靠真如的熏習力，自然而然地修習，熏習真如，滅除無明。

本段是從修行人是否與真如體用相應，將真如熏習及修行方式劃分為未相應熏習和已相應熏習兩個層次。

**復次，染法從無始已來熏習不斷，乃至得佛[1]後則有斷。淨法熏習則無有斷，盡於未來[2]。此義云何？以真如法常熏習故，妄心則滅，法身顯現，起用熏習[3]，故無有斷。**

## 注釋：

1　得佛：成佛。

2　盡於未來：一直到無限的未來。

3　起用熏習：生起真如用熏習。在這裏，指成佛之後，顯發真如本身所具有的勝妙作用和智慧，能對眾生生起不可思議的熏習作用。

**譯解：**

染污之法從無始以來熏習不斷，一直到成佛後方得斷絕。清淨之法的熏習則沒有斷絕，一直到未來世依然如是。具體而言，因為真如法恆常熏習，最終妄心斷滅，真如法身顯現，又能隨順眾生生起不可思議的真如用熏習，因此真如清淨之法永遠不會斷絕。

本段說明染污熏習與淨法熏習的差別。因為通過修行能夠究竟斷除染污之法，所以染法熏習有斷絕。而真如體用恆常存在，因此淨法熏習不會斷絕。

**復次，真如自體相者，一切凡夫、聲聞、緣覺、菩薩、諸佛，無有增減[1]，非前際生、非後際滅[2]，畢竟常恆。從本已來，性自[3]滿足一切功德。所謂自體有大智慧光明[4]義故，遍照法界義故，真實識知[5]義故，自性清淨心[6]義故，常樂我淨[7]義故，清涼[8]不變自在義故。具足如是過於恆沙不離、不斷、不異[9]、不思議佛法[10]，乃至滿足[11]無有所少義故，名為如來藏，亦名如來法身。**

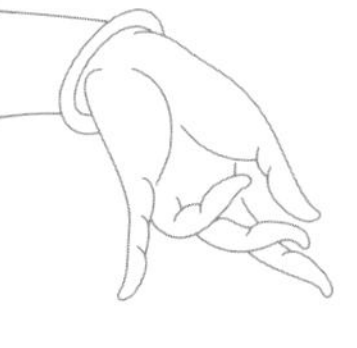

## 注釋：

1 「無有增減」後，宋本、元本、明本有「差別」二字。無有增減：意思是說真如自體相，一切凡夫、二乘人、菩薩、佛，都圓滿具足，在佛菩薩那裏沒有增加，在凡夫那裏沒有減少。

2 前際：過去世。後際：未來世。非前際生，非後際滅：是說真如自體相並不是在過去的某個時候產生，也不會在未來世斷滅。

3 明本注曰：「性自」，疏本作「自性」。

4 大智慧光明：是說真如覺性具有普遍觀照、了悟的智慧。

5 真實識知：相對於虛妄識知而言，指真如覺性能夠如實了知一切事物現象的本性。

6 自性清淨心：真如覺性也可稱為自性清淨心，即本來具有的清淨本心。

7 常樂我淨：即佛教中所說的涅槃四德，在這裏是指真如覺性具有常樂我淨四種德相。常：常恆不變。樂：涅槃寂樂。我：法身自在。淨：清淨無染。

8 清涼：相對於熱惱而言，指遠離熱惱的心境。

9 不離：是說真如德相與真如自體相即不離。不斷：常無斷絕。不異：是說真如德相與真如自體一體相關。

10 佛法：在這裏指真如功德法。

11 滿足：圓滿具足。

**譯解：**

本段從不同方面闡述真如自體相所具有的清淨無漏功德。

真如自體的德相，在一切凡夫、聲聞、緣覺、菩薩、諸佛那裏，平等具足，沒有增加也沒有減少；它不是從過去世的某個時候產生，也不會在未來的某個時候斷滅；畢竟常住，常恆不變；從無始以來，圓滿具足一切清淨功德。具體而言，真如自體具有大智慧光明，能夠普遍照耀法界，遠離一切虛妄認識，能如實了知一切事物現象的本性，它是我們原本具有的清淨本心，具有常、樂、我、淨四種德性，清涼、不變、自在。眾生具足如上超過恆河沙數與真如相即不離、常恆不斷、不可思議的真如功德法，圓滿具足，沒有欠少，可稱之為如來藏，也可稱作如來法身。

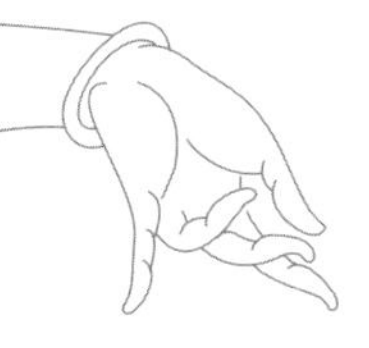

問曰：「上說真如，其體平等，離一切相，云何復說體有如是種種功德？」

答曰：「雖實有此諸功德義，而無差別之相，等同一味[1]，唯一真如[2]。此義云何？以無分別[3]，離分別相，是故無二[4]。復以何義得說差別？以依業識生滅相示[5]。此云何示[6]？以一切法本來唯心，實無於念[7]，而有妄心，不覺起念，見諸境界[8]，故說無明[9]。心性不起，即是大智慧光明義故。若心起見[10]，則有不見之相[11]。心性離見，即是遍照法界義故。若心有動，非真識知[12]，無有自性[13]，非常、非樂、非我、非淨，熱惱衰變[14]，則不自在，乃至具有過恒沙等妄染[15]之義。對此義[16]故，心性無動則有過恒沙等諸淨功德相義示現。若心有起，更見前法可念者[17]，則有所少[18]。如是淨法無量功德，即是一心[19]，更無所念[20]，是故滿足。名為法身如來之藏。」

**注釋：**

1　等同一味：是說真如自體的種種功德之相，實際上是從不同方面說的同一種法味，或同一種內涵。

2　唯一真如：是以唯一真如為自體。

3 以無分別：是說真如自體的功德相沒有虛妄分別。

4 無二：是說真如功德之相與真如自體無二無別。

5 業識生滅：業識的生起與息滅。依業識生滅相示：從業識的生起與息滅種種差別之相，顯示真如自體的種種功德之相。

6 此云何示：這如何顯示呢？

7 實無於念：本來沒有虛妄心念。

8 見諸境界：見，通「現」。顯現一切境界。指現識。

9 無明：這裏說的無明，主要是相對於大智慧光明而言。

10 心起見：指妄心生起妄念，分別現前境界。指分別智。

11 則有不見之相：是說虛妄分別，有所見，則必有所不見。

12 若心有動，非真識知：是說妄心分別，不是真實的了知。

13 無有自性：沒有自性，意為是虛妄不實的。

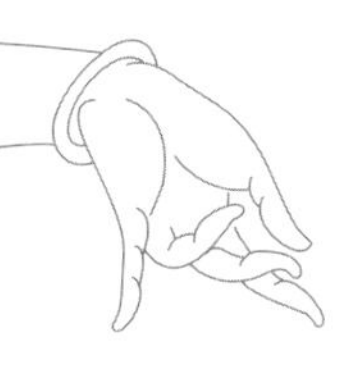

14 熱惱：相對於清涼而言。衰變：相對於不變而言。

15 妄染：指虛妄染污的特征。

16 對此義：與這些特征相對。

17 更見前法可念：進一步認為現前境界有事物可以執取。指分別事識，也即執取相、計名字相。

18 則有所少：有所執取，則有所缺少。

19 即是一心：即是以真如為自體。

20 更無所念：並不執取任何事物現象。

**譯解：**

有人會問，前面說真如性體平等，遠離一切差別之相，為什麼這裏又說真如性體具有種種功德之相呢？

應當了解：雖然真如性體具有種種功德之相，但真如種種功德之相體現的是同一

本質，是針對不同煩惱妄染顯現的功用，本身是沒有差別的，它們都以唯一真如為自體。因為真如性體本身沒有虛妄分別，遠離一切虛妄的分別之相，因此，真如種種功德之相與真如是一體的，沒有差別的。既然真如功德之相與真如是一體的，沒有差別的，那麼又是從什麼意義上說真如自體種種功德之相呢？這是因為，真如自體雖然沒有差別之相，但從眾生業識的生起和息滅，可以顯示出真如自體的種種功德之相。這如何顯示呢？因為一切事物現象都是真如一心所變現，本來沒有名言分別的妄念。但因為不能如實了知真如性體，生起妄心，顯現一切境界，所以說有無明。如果自性不起心動念，則沒有無明，在這個意義上我們說真如性體具有大智慧光明；如果起心分別現前境界，有所見，則必然有所不見。如果了知自性遠離一切虛妄分別，則能超越有限的分別智，而能遍照法界；依無明不覺而起心動念，又有妄心虛妄分別。而妄心的虛妄分別不是真實的了知，是沒有自性的，它不是常恆的，而是無常的；不是安樂的，而是痛苦的；不是自在的，而是煩惱的；不是清淨的，而是染污的；是熱惱的，而不是清涼的；是衰變的，而不是不變的；是不自在的，而不是自在的；乃至具有超過恆河沙數的虛妄染污。與此相對，心性不動則有超過恆河沙數的清淨功德之相顯現；若起心動念，認為現前境界有事物可以執取，有所執取必然有所缺少。而如上所說的真如自體的無量清淨功德，則是以真如為自體的，並不執着於任何事物現象，因此是圓滿具足，沒有欠少的。所以

稱之為如來法身、如來藏。

這裏通過問答形式說明真如自體所具有的無量清淨圓滿功德，是相對於無明妄染從不同角度闡發的，就其本身而言則是唯一真如，平等無差別的。

**復次，真如用者，所謂諸佛如來，本在因地[1]發大慈悲[2]，修諸波羅蜜[3]，攝化[4]眾生。立大誓願，盡欲度脫等眾生界[5]，亦不限劫[6]數，盡於未來，以取[7]一切眾生如己身故，而亦不取眾生相[8]。此以何義？謂如實知一切眾生及與己身真如平等無別異[9]故。**

**以有如是大方便智[10]，除滅無明，見本法身[11]，自然而有不思議業種種之用，即與真如等遍一切處[12]，又亦無有用相可得[13]。何以故？謂諸佛如來唯是法身智相之身[14]，第一義諦[15]無有世諦[16]境界，離於施作[17]，但隨眾生見聞[18]得益，故說為用。**

## 注釋：

1　因地：相對於成佛的「果地」而言，指諸佛如來從初發心，一直到成佛過程中，所處的修行佛道的地位。

2 慈：施與一切眾生以快樂，稱為「慈」；悲：拔除一切眾生痛苦，稱為「悲」。發大慈悲：指發救度眾生的慈悲心。

3 波羅蜜：梵文，意為到彼岸。在這裏指到彼岸的修行方法。大乘佛教通常所說的六波羅蜜，即佈施、持戒、忍辱、精進、禪定、智慧六種修行成佛的方法。

4 攝化：攝受、度化。指佛菩薩攝受眾生，幫助眾生修行解脫。

5 等：普遍。等眾生界：即一切法界眾生。

6 劫：梵文音譯，也作劫波。是佛教中表達時間的名字。劫又分為大劫、中劫、小劫。世間經歷成住壞空四個時期，稱為一大劫，約合十三億四千三百萬年。一大劫包含八十中劫。

7 取：攝取。

8 取：執取。不取眾生相：即不執着於眾生的差別。

9 「無別異」，金本無。真如平等無別異：意為自身與眾生都是真如自體，平等而沒有差別。

10 大方便智：方便善巧的智慧，在這裏指如實了知自身與眾生都是真如自體，不執着眾生的差別，因而能平等無差別地攝化眾生的大智慧。

11 見本法身：即本來具有的真如法身顯現。

12 等：一樣。與真如等遍一切處：是說真如的勝妙作用與真如一樣，遍於一切處所。

13 又亦無有用相可得：是說真如的種種勝妙作用，與真如自體一樣，沒有差別相可分別。

14 智相之身：真如清淨智慧之身。

15 第一義諦：也作勝義諦，指佛教中所說的超越的絕對真理。

16 世諦：也作世俗諦，相對於第一義諦而言，指世俗的相對的真理。

17 施作：施設，作用。指身心有為的作為。

18 見聞：即上文所說的應見應聞。見：見佛。聞：聽聞佛法。

**譯解：**

本段說明真如用熏習，源於諸佛如來修行時發大菩提心普度眾生，一當修行成就，本來具有的真如法身顯現，自然成就真如法身不可思議的妙用。

所謂真如用，是指諸佛如來，在因地修行過程中，發大慈悲心，修行佈施、持戒、忍辱、精進、禪定、智慧，攝受度化眾生。發大誓願，要度盡一切眾生，也不顧時間的久遠，一直延續到遙遠的未來。因為菩薩把一切眾生都看作與自身一樣，因而也不分別眾生的不同。菩薩是從什麼觀念出發，發如是慈悲心和大誓願呢？這是因為，菩薩能如實了解一切眾生與自身一樣，都是真如自體，本身是平等沒有差別的。

因為菩薩具有這樣的大方便善巧智慧，除滅了無明，本來具有的真如法身顯現，自然具有真如法身種種不可思議的勝妙作用。真如法身的勝妙作用，也和真如自體一樣，普遍地存在於一切地方，又與真如自體一樣，沒有差別相可分別。這是因為諸佛如來都是平等無差別的法身和清淨智慧之身，屬於第一義諦，沒有世俗諦的境界，因此其種種不可思議的勝妙作用，是自然而有的，不是人為造作的，因為能夠隨順眾生的不同根機，相應地示現不同佛身，講說不同的佛法，使眾生獲得相應的利益，所以稱之為真如用。

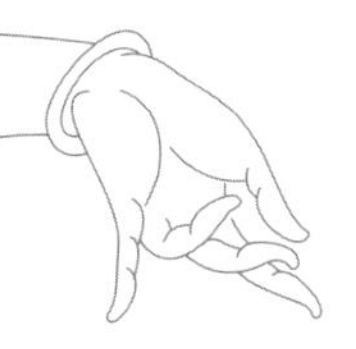

此用有二種。云何為二？一者、依分別事識，凡夫、二乘心所見者，名為應身[1]。以不知轉識現故，見從外來[2]，取色分齊[3]，不能盡知故[4]。二者、依於業識，謂諸菩薩從初發意，乃至菩薩究竟地，心所見者，名為報身[5]。身有無量色[6]，色有無量相[7]，相有無量好[8]，所住依果[9]，亦有無量種種莊嚴隨所示現[10]，即無有邊不可窮盡離分齊[11]相，隨其所應[12]，常能住持，不毀不失[13]。如是功德，皆因諸波羅蜜等無漏行熏[14]，及不思議熏[15]之所成就，具足無量樂[16]相故，說為報身。

## 注釋：

1 應身：也稱化身、應身佛。是諸佛為度化眾生，隨順六道眾生的不同而示現的色身。

2 見從外來：看見應身從外而來。

3 取色：執取色相。分齊：分限，即區別和界限。

4 盡知：完全了知。不能盡知，在這裏是指凡夫和二乘人不能完全了知應身為轉識所現。

5 報身：是諸佛隨順不同階位菩薩所示現之身。從如來修行成就的果德而言，報身是如來因地種種修行成就的功德受報之身。

6 色：在這裏指身體所現種種光明。

7 相：形相。

8 好：微妙、勝妙的特征。

9 依果：即依報，即眾生依居的國土、世間。所住依果：即所居住的國土、世間。

10 隨所示現：隨順眾生應當見到、聽到的，相應地示現。

11 離分齊：沒有邊界。

12 隨其所應：隨順不同菩薩所應當見到的佛身與國土而示現。

13 不毀不失：不會毀壞，不會喪失。

14 無漏行：圓滿無漏的修行。因諸波羅蜜等無漏行熏：因修習波羅蜜等圓滿無漏之行的熏習。

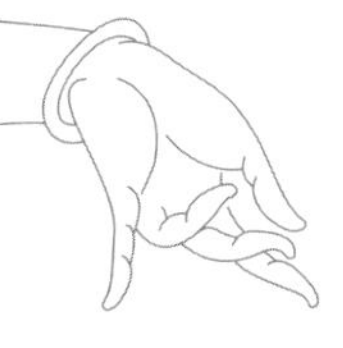

15　不思議熏：指真如不可思議的熏習。

16　樂：清淨安樂。

**譯解：**

本段從應身、報身闡明真如用的兩種形式，也是諸佛隨順眾生根機度化眾生的兩種形式。

真如的作用有兩種，一是凡夫和二乘人以前六識所見的佛的色身，稱為應身。因為他們不能了知應身是轉識變現，看到佛身從心外而來，執着色相，將其視作有限的身相，不能完全了解應身的本性。二是從初發意菩薩到十地菩薩，以業識所見到的佛身，稱為報身。報身有無量的色身，每一色身又有無量的形相，每一形相又有無量的勝妙，報身所依居的清淨國土同樣無量莊嚴，隨順眾生不同的根機作相應的示現。各種沒有邊際、沒有分別界限的形相，隨順不同菩薩所應當見到的佛身和國土示現，能恆常地住持，不會毀壞，不會喪失。這樣的功德，都是因為菩薩修習波羅蜜等圓滿無漏之行，以及真如覺性不可思議的熏習所成就，具足無量清淨安樂的形相，因此稱為報身。

又為凡夫所見者，是其粗色[1]，隨於六道各見不同[2]，種種異類[3]，非受樂相[4]故，說為應身。

復次，初發意菩薩等[5]所見者，以深信真如法故，少分而見[6]，知彼色相莊嚴等事，無來無去、離於分齊，唯依心現[7]，不離真如。然此菩薩猶自分別，以未入法身位[8]故。若得淨心[9]，所見微妙[10]，其用轉勝[11]，乃至菩薩地盡，見之究竟[12]。若離業識，則無見相[13]，以諸佛法身無有彼此色相迭相見故[14]。

問曰：「若諸佛法身離於色相者，云何能現色相？」

答曰：「即此法身是色體故，能現於色[15]。所謂從本已來，色心不二[16]，以色性即智故[17]，色體無形[18]，說名智身[19]；以智性即色[20]故，說名法身遍一切處。所現之色無有分齊，隨心能示十方世界，無量菩薩無量報身，無量莊嚴各各差別，皆無分齊而不相妨。此非心識[21]分別能知，以真如自在用[22]義故。」

## 注釋：

1 粗色，粗顯的色身。

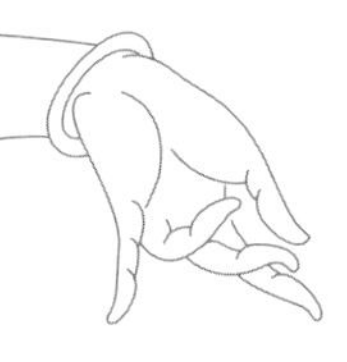

2 各見不同：六道眾生所見各不相同。

3 種種異類：種類各有差別。

4 非受樂相：指六道眾生所見的佛身，並不一定是清淨、安樂的形相。

5 「等」，宋本、元本、明本、宮本均無。

6 少分而見：能見到部分的佛的報身。

7 唯依心現：都是真如依妄心顯現。

8 法身位：指十地菩薩證得法身的階位。

9 淨心：指淨心地。即十地的初歡喜地。

10 所見：所見到的色身、形相、依報莊嚴。微妙：清淨微妙。

11 轉：轉為。勝：勝妙。

12 見之究竟：所見圓滿究竟。

13 則無見相：則沒有任何可見的色身、形相及依報莊嚴。

14 若離業識，則無見相，以諸佛法身無有彼此色相迭相見故：意思是說因為破除了無明，即體證真如法身而成佛，而諸佛法身之間沒有色身、形相的差別，不存在相互看見彼此色身的情形。

15 即此法身是色體故，能現於色：意思是說，法身是色身的自體，能通過色身顯現。

16 色心不二：即色身與真如覺性一體不二。

17 色性即智：色身等的本性即是真如覺性。

18 色體無形：色身本體沒有形相。

19 智身：清淨智慧之身。

20 智性即色：真如覺性即色身等的本性。

21 心識：虛妄心識。

22 真如自在用：真如自然生起的勝妙作用。

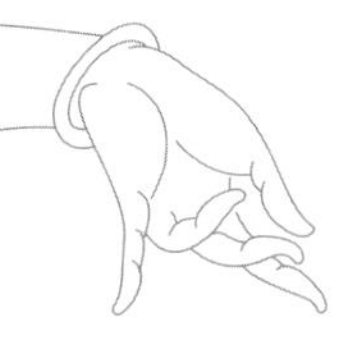

**譯解：**

為凡夫所見到的佛身，是粗顯的色身，隨順六道眾生，所見各不相同，有各種不同的種類，不是清淨安樂的形相，因此稱為應身。

初發意菩薩等因為深信真如法的緣故，能見到部分的佛的報身，了知報身的色身、形相、依報莊嚴等沒有來去，沒有分界，都是真如隨緣顯現，不離真如自體。但初發意菩薩因為尚未證入真如法身，因此對報身的色身、形相等仍有分別。如果證入淨心地，所見報身則清淨微妙，諸佛所顯現的作用也逐漸勝妙。如此一步步增勝，一直到菩薩究竟地圓滿，所見才圓滿究竟。如果無明斷盡，遠離業識妄染，則沒有任何可見的色身、形相，因為諸佛法身平等不二，沒有彼此色相的差別，因此沒有佛與佛之間相互看見彼此色身的情形。

本段具體說明六道眾生所見應身的差別，具體說明從初發意菩薩到菩薩究竟地所見報身的不同。具體而言，佛身本來沒有形相，只是因為眾生根機不同，佛身顯現有應身、報身種種差別。六道眾生從轉識感知佛身，故看到的是佛的應身；菩薩從業識感知佛身，因而能感知到佛的部分報身。若能超越業識成佛，則不會從形相感知佛身。

有人會問：既然諸佛法身遠離色身、形相，為什麼又能夠顯現色身、形相呢？

回答是：因為諸佛法身即是色身、形相的自體，因此能夠顯現為色身、形相。身

色、形相與真如覺性從本以來無二無別。因為色身、形相的本性即清淨智慧的真如覺性，色身、形相沒有實體，我們稱為清淨智慧之身。又因為真如覺性即色身本性，所以說法身普遍地存在於一切處所。所現色身沒有界限，能隨心示現為十方世界無量菩薩所見的無量報身和無量莊嚴國土。無量菩薩各各所見不同，又都沒有界限，互不妨礙。這是真如自然顯現的勝妙作用，不是心識分別所能了知。

本段從色心不二說明諸佛法身離於色相，而又能隨緣顯現應身、報身等色相的道理。

### 第四項 從生滅門入真如門

復次，顯示[1]從生滅門即入真如門。所謂推求[2]五陰色之與心[3]，六塵境界畢竟無念[4]，以心[5]無形相，十方求之，終不可得。如人迷故，謂東為西，方實不轉[6]。眾生亦爾，無明迷故，謂心為念[7]，心實不動。若能觀察，知心無念[8]，即得隨順入真如門故。

**注釋：**

1 顯示：揭示。

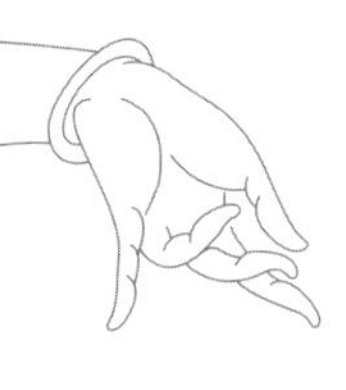

2　推求：指以觀察智慧推究。

3　五陰：也稱五蘊。即色、受、想、行、識。色之與心：即五陰中的色法和心法。實際上是說色、受、想、行、識中包含有物質和精神現象兩方面。

4　無念：指五陰、六塵境界等從根本上說虛妄不實，同於真如。

5　心：真如本心，或自性清淨心。

6　方實不轉：東南西北的方位本身不會變動。

7　謂心為念：把真如本心當作虛妄的心念。

8　「無念」，宋本、元本、明本、宮本、金本均作「無起」。

**譯解：**

在這裏再闡明如何從自心的生滅門契入真如門。簡要地說，就是以觀察的智慧，推明色、受、想、行、識五蘊中的物質和精神現象，色、身、香、味、觸、法六塵境界，究竟而言，虛妄不實，同於真如。而真如本心沒有形相，十方尋求，終究不能執取。就

像迷路的人，把東方當成了西方，但東西南北的方位並沒有改變。眾生也是這樣，因為無明不覺，不能了知真如本心，而生起虛妄分別的妄念，而真如本心並不因眾生的妄念而變動。如果能夠通過觀察，了知真如本心遠離妄念，即能隨順從生滅門契入真如門。

本段從觀察五陰、六塵境界的無念本性說明由生滅現象契入真如的法則。

## 第三節 破除錯誤的執着

### 第一項 破除執着概説

**對治[1]邪執[2]者，一切邪執皆依我見[3]，若離於我則無邪執。是我見有二種。云何為二？一者、人我見[4]，二者、法我見[5]。**

**注釋：**

1 對治：有針對性地破除、糾正。

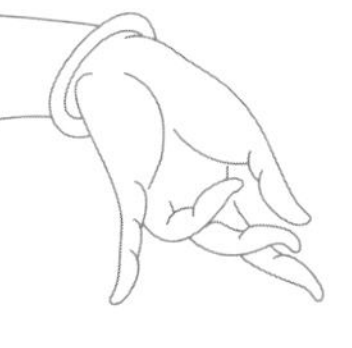

2　邪執：錯誤的執着。

3　我見：執着自身或外在事物現象為實有的錯誤見解。

4　人我見：佛教中一般指執着自身實有的錯誤觀念。《起信論》中主要是指凡夫關於如來法身的錯誤理解。

5　法我見：指執着事物現象或如來教法為實有的錯誤觀念。

**譯解：**

本部分主要闡明破除邪執。論文認為，一切錯誤的執着，都是因為執着自身及外在事物現象為實有的「我見」。如果能破除我見，則能破除邪執。我見有兩種，一是人我見，二是法我見。

本段概括說明錯誤的執着的根本是我見，即執着自身及事物現象為實有的認識思維方式。

## 第二項 破除人我執

人我見者，依諸凡夫說有五種。云何為五？

一者、聞修多羅[1]說如來法身畢竟寂寞、猶如虛空，以不知為破着故[2]，即謂虛空是如來性。云何對治？明虛空相是其妄法[3]，體無不實[4]，以對色故有[5]，是可見相，令心生滅[6]。以一切色法本來是心[7]，實無外色[8]。若無色[9]者，則無虛空之相。所謂一切境界唯心妄起故有，若心離於妄動，則一切境界滅，唯一真心無所不遍。此謂如來廣大性智[10]究竟之義，非如虛空相故。

注釋：

1 修多羅：指佛經。

2 破着：破除執着。不知為破着故：指凡夫不了解佛經中說如來法身猶如虛空是為了破除對有為法的執着的緣故。

3 妄法：虛妄的現象。

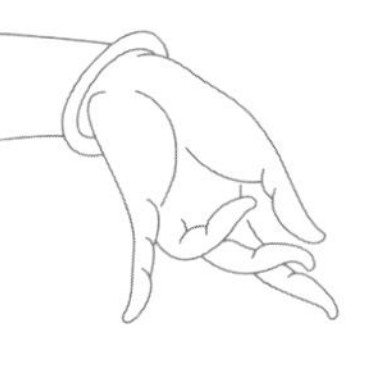

4　體無：沒有自體。不實：虛妄不實。

5　對色故有：相對於具體事物而存在。

6　令心生滅：能令自心起心動念。

7　心：真如本心。

8　實無外色：並沒有實際存在的具體事物現象。

9　「無色」，宋本、元本、明本、宮本均作「無外色」。

10　性智：覺性智慧。

**譯解：**

所謂人我見，依凡夫的不同執着可以分為五種。

一是有的人聽佛經上說如來法身究竟寂滅，如同虛空，因為不了解佛經是為了破除對有為法的執着，於是就將虛空當作如來法身的體性。要糾正這一執着，應當明了虛空形相虛妄不實，沒有自性，虛空相對於具體事物而存在，是眼睛可以看見的形相，能使

妄心隨其妄動。因為一切色法都以真如為自體，本身虛妄不實。了解具體事物現象的虛妄不實，也就知道虛空的虛妄不實。一切境界都是因為真如本心起心妄動而顯現，如果安於真如本心，遠離妄動，則一切境界隨之息滅，只有唯一真如周遍一切。這才是如來法身廣大圓滿覺性智慧的究竟意義，與虛妄的虛空形相根本不同。

本段破除將如來執着為虛空的觀念。闡明法身是一切事物現象的真實本性，並不是一切事物現象之外的虛空形相。

**二者、聞修多羅說世間諸法畢竟體空[1]，乃至涅槃真如之法亦畢竟空[2]，從本已來[3]自空[4]，離一切相[5]。以不知為破着故，即謂真如、涅槃之性唯是其空。云何對治？明真如法身自體不空，具足無量性功德故。**

## 注釋：

1 體空：自性空無。

2 畢竟空：畢竟空無。

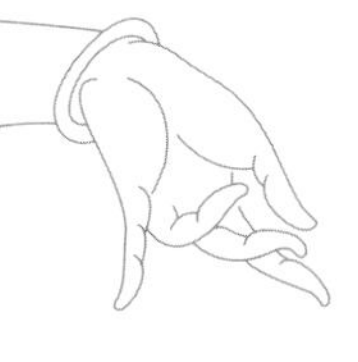

3　明本注曰：「從本已來」，疏本作「本來」二字。

4　自空：自性本空。

5　離一切相：遠離一切虛妄之相。

**譯解：**

二是有的人聽經中說世間事物現象沒有自性，畢竟空無，乃至涅槃、真如同樣沒有自性，畢竟空無，從本以來，自性本空，遠離一切虛妄之相。因為不了解佛經是為破除執着一切事物現象及涅槃、真如為實有，便錯誤地認為真如、涅槃的性體是斷滅之空。針對這種錯誤的觀念，《起信論》強調真如法身自體是真實存在的，圓滿具足無量功德。

本段破除視真如、涅槃為空無的觀念。闡明真如法身真實存在，具足無量性功德。

**三者、聞修多羅說如來之藏無有增減[1]，體備一切功德之法[2]。以不解故，即謂如來之藏有色心法自相差別[3]。云何對治？以唯依真如義說故[4]，因生滅染義示現說差別故[5]。**

**注釋：**

1 無有增減：指真如功德在佛那裏沒有增加，在凡夫那裏沒有減少。

2 「法」，宋本、元本、明本均作「性」。

3 即謂如來之藏有色心法自相差別：即認為如來藏中有種種物質和精神現象的差別。

4 以唯依真如義說故：是說如來藏種種功德之相，都是從真如本體而言的。

5 因生滅染義示現說差別故：是說如來藏種種功德之相的不同，是相對於世間生滅染污之法的差別而顯現示現的。

**譯解：**

三是有的人聽經中說如來藏在佛那裏沒有增加，在凡夫那裏沒有減少，圓滿具足無量功德性相。因為不能如實了悟經典本義，於是錯誤地認為如來藏中實有物質和精神種種差別現象。對這種錯誤觀念如何糾正呢？應該了解所謂如來藏圓滿具足種種功德之

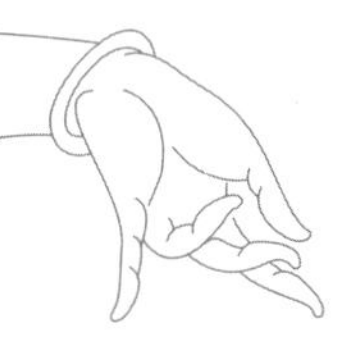

相，完全是從真如的意義上說的。如來藏種種功德之相，不過是真如法身相對於世間雜染現象生起、還滅的特征而顯現。

本段破除認為如來藏中實有種種物質和精神差別現象的觀念，說明所謂如來藏具備一切功德之法，是真如自性相對於世間妄染現象示現的，真如自性本身並不存在種種差別形相。

**四者、聞修多羅說一切世間生死染法皆依如來藏而有，一切諸法不離真如。以不解故，謂如來藏自體具有一切世間生死等法。云何對治？以如來藏從本已來唯有過[1]恆沙等諸淨功德，不離、不斷、不異真如義故[2]。以過恆沙等煩惱染法，唯是妄有，性自本無[3]，從無始世來，未曾與如來藏相應[4]故。若如來藏體有妄法，而使證會[5]永息妄者，則無是處故[6]。**

## 注釋：

1　「過」後，宋本、元本、明本、宮本均有「於」字。

2 以如來藏從本已來唯有過恆沙等諸淨功德，不離、不斷、不異真如義故：是說如來藏超過恆河沙數種種清淨功德之相，與真如本體不相捨離，不相間斷，沒有差別。

3 妄有：虛妄分別而有。性自本無：沒有自性。

4 從無始世來，未曾與如來藏相應：即是說煩惱染污之法，非如來藏所具有。

5 「證會」後，元本有「求」字。證會：體證領會如來藏清淨本性。永息妄：永遠斷除虛妄染法。

6 明本注曰：「則無是處故」，疏本作「無有是處」。

**譯解：**

四是有的人聽佛經中說世間一切生死流轉的染污之法，都依如來藏而顯現，一切事物現象不離真如，因為不能如實理解經義，便認為如來藏中具有一切世間生死染污之法。對這種錯誤觀念如何糾正呢？要知道如來藏從本以來只具有超過恆河沙數的清淨功德，與真如不相捨離、不相間斷，沒有差別。而超過恆河沙數的煩惱、染污之法，只是

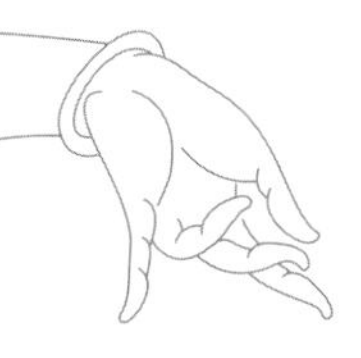

虛妄分別而有，沒有自性，從無始以來未曾與如來藏相應。如果認為如來藏中具有一切世間虛妄之法，而要使修行人體證領會真如清淨本性，使妄染之法永遠斷除，哪會有這樣的道理呢？

本段破除認為如來藏中包含有一切世間生死染污之法的觀念，闡明如來藏只具有無量清淨功德，而一切世間生死染污現象從無明妄念而生，與真如自性不曾相應。

**五者、聞修多羅說依如來藏故有生死[1]，依如來藏故得涅槃。以不解故，謂眾生有始[2]。以見始故，復謂如來所得涅槃，有其終盡，還作眾生[3]。云何對治？以如來藏無前際[4]故，無明之相亦無有始。若說三界[5]外更有眾生始起者，即是外道經說[6]。又如來藏無有後際[7]，諸佛所得涅槃與之相應，則無後際故。**

## 注釋：

1　生死：指眾生的生死流轉。

2　有始：存在最初開始的時間。

3 還作眾生：指涅槃有終結回來再作眾生。

4 前際：過去開始的時間。

5 三界：指有情眾生的三種境界。即欲界、色界、無色界。

6 外道：佛教對自身之外不符合佛教教理的其他宗教哲學派別的稱呼。經：經典。

7 後際：未來結束的時間。

**譯解：**

五是有的人聽佛經上說依如來藏而有生死流轉，依如來藏證得涅槃。因為不了解經典的本來意義，便認為眾生的生死輪迴有其最初開始的時候。又認為既然眾生的生死輪迴有開始，那麼如來所證得的涅槃也有終盡，成佛之後會再回來作眾生。對這種觀念如何糾正呢？要明了如來藏是超越時間的，沒有其產生的時候，無明同樣沒有其最初的產生。那種認為三界之外還有眾生的產生的觀念，是外道經典的說法。如來藏也沒有未來的終結，與此相應，諸佛所證得的涅槃也沒有其終結。

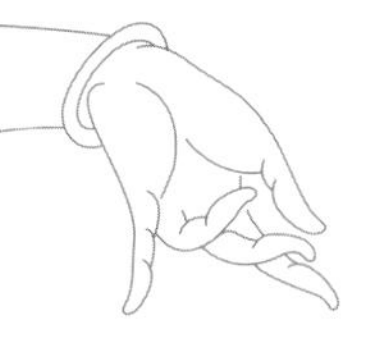

本段破除認為眾生有最初產生的時候，如來所證涅槃有其結束的時候，成佛還會再回來做眾生的觀念。闡明如來藏沒有開始與終結，諸佛成就的涅槃境界與如來藏相應，因而也沒有終結。

## 第三項　破除法我執

**法我見者，依二乘鈍根[1]故，如來但為說人無我，以說不究竟[2]，見有五陰生滅之法[3]，怖畏生死[4]，妄取涅槃[5]。云何對治？以五陰法自性不生[6]，則無有滅[7]，本來涅槃[8]故。**

**注釋：**

1　鈍根：指智慧或資質愚鈍的人。

2　說不究竟：指所說的法不徹底、不圓滿。

3　生滅之法：有生有滅的事物現象。

4　怖畏生死：恐懼害怕生死輪迴之苦。

5 妄取涅槃：即虛妄執取生死之外的涅槃境界。

6 五陰法自性不生：是說五蘊現象的生起沒有真實自性。

7 則無有滅：則也沒有五蘊現象的實際斷滅。

8 本來涅槃：指五陰生滅現象本性無生無滅，本來涅槃。

**譯解：**

如來對二乘智慧愚鈍的人只教導人無我的道理。因為這種教說不究竟圓滿，有的人便執着法我見，認為五蘊生滅現象為實有。因為執着生滅現象的實有，恐懼害怕生死輪迴之苦，執着追求生死輪迴之外的涅槃境界。要糾正這種錯誤的執見，應當了悟五蘊生滅現象的生起沒有自性，因而也沒有五蘊現象實際的斷滅，以此了悟五蘊生滅現象的本性而體證涅槃境界。

本段破除二乘人執着五陰生滅之法及涅槃為實有的觀念，闡明五陰生滅之法沒有自性，本來涅槃。

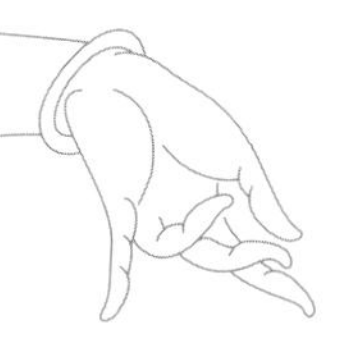

## 第四項　破除執着旨趣

復次，究竟離妄執者，當知染法、淨法皆悉相待[1]，無有自相可說[2]，是故一切法從本已來，非色非心[3]、非智非識[4]、非有非無，畢竟不可說相[5]。而有言說者，當知如來善巧方便[6]，假以言說引導眾生，其旨趣者，皆為離念[7]歸於真如，以念一切法令心生滅[8]，不入實智[9]故。

### 注釋：

1　相待：相對待而存在。

2　無有自相可說：沒有真實的自體相狀可以言說。

3　色：色法，指六塵境界。心：心法，指虛妄分別心。

4　智：無分別的智慧。識：虛妄分別的心識。

5　不可說相：沒有可以言說的形相。

6　善巧方便：根據眾生不同根機因材施教。

7 離念：遠離虛妄心念。

8 念：虛妄分別。令心生滅：讓自心生滅動蕩。

9 實智：真實智慧，即與真如相應的智慧。

**譯解：**

要究竟遠離虛妄執着，應當了解染污之法、清淨之法都是相對待而存在，本身沒有實際存在的自體相狀可以言說。因此，一切事物現象從根本上說，不是色法也不是心法，不是無分別智慧也不是虛妄分別的心識，不是有也不是無，畢竟沒有可以言說的形相。之所以不可言說而有言說，只是如來隨順眾生不同根機因材施教的善巧方便，借助言說引導眾生，其根本宗旨是為了讓眾生遠離虛妄心念而契入真如。因為對一切事物現象的虛妄分別會讓自心妄動而無法契入真如智慧。

本段旨在說明佛教教說均為佛陀善巧方便，其根本目的在於引導眾生遠離虛妄，契證真如。

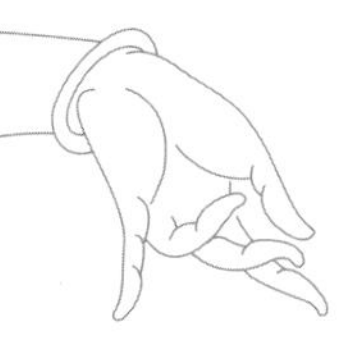

## 第四節　闡釋發無上菩提心

### 第一項　發大菩提心概說

**分別[1]發趣道相[2]者，謂一切諸佛所證之道，一切菩薩發心修行趣向義故。略說發心有三種。云何為三？一者、信成就發心[3]，二者、解行發心[4]，三者、證發心[5]。**

**注釋：**

1　分別：分別闡釋。

2　發：發心。趣：趣向，追求。道：無上菩提之道。

3　信成就發心：是初發心住菩薩的發心。信成就：即成就對真如的信心。發心：發無上菩提之心。

4　解行發心：是初住以上，一直到十回向階位菩薩的發心。解行：指對佛法有甚深信解，並能修行積累廣大資糧。

5　證發心：是十地菩薩的發心。因為十地菩薩能體證部分的真如法身，所以稱為證發心。

**譯解：**

本節具體闡釋菩薩發大菩提心的三種情形（即「發趣道相」）。文中所說「發趣道相」，即是指一切菩薩發心修行，趣向一切諸佛所成就的無上菩提之道的情形。實際上即是論述修行到不同程度所采用的修行方式及發心內涵。簡要言之，菩薩發大菩提心的情況有三種，一是信成就發心，二是解行發心，三是證發心。

## 第二項　關於信成就發心

**信成就發心者，依何等人、修何等行，得信成就，堪能發心？所謂依不定聚眾生[1]，有熏習善根力故，信業果報[2]，能起十善[3]，厭生死苦，欲求無上菩提，得值諸佛，親承供養[4]，修行信心，經一萬劫，信心成就故，諸佛菩薩教令發心[5]；或以大悲[6]故，能自發心[7]；或因正法[8]欲滅，以護法[9]因緣[10]，能自[11]發心。如是信心成就得發心者，入正定聚，畢竟不退[12]，名住如來種中[13]，正因[14]相應。**

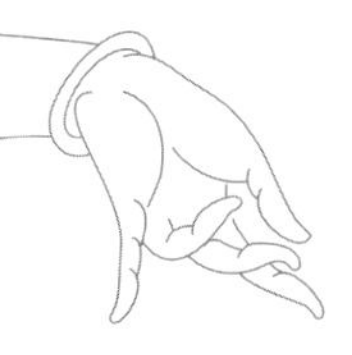

## 注釋：

1 不定聚眾生：相對於正定聚、邪定聚眾生而言。正定聚是指已決定走上菩提道的菩薩。邪定聚是指已決定走上惡趣，短期內難以改邪歸正的眾生。不定聚則是指處於兩者之間，尚未決定趣向的眾生。

2 信業果報：相信因果報應。

3 起十善：修行十善法。所謂十善，包括不殺生、不偷盜、不邪淫、不妄語、不惡口、不兩舌、不猗語、不貪欲、不嗔恚、不愚癡。

4 親承供養：親近、承事、供養。承事即恭敬服事。供養包括供養衣食，奉教修行。

5 教令發心：教導、促使發菩提心。

6 大悲：對眾生生起慈悲心。

7 自發心：自動發無上菩提心。

8 正法：在這裏指佛法。

9 護法：護持佛法。

10 明本注曰：「緣」下，疏本有「故」字。

11 「能自」，金本作「自能」。

12 不退：不退轉。即發菩提心趣向佛道，不再退轉到凡夫、二乘的地位。

13 住如來種中：住持在如來種姓當中，即將來一定能修行成佛的意思。如來種：如來種姓，即成佛的種子。

14 正因：真如、如來藏為眾生成佛的正因或內因。

**譯解：**

信成就發心，是指什麼人，如何修行，而獲得信心成就，能發無上菩提心呢？信成就發心，是指不定聚眾生，因為過去世修行的善根，相信因果報應，能修行十善，厭離生死輪迴之苦，樂求無上菩提，因而能夠遇上諸佛，親近供養，恭敬奉事，修行信心，經一萬劫而獲得信心成就，諸佛菩薩教導他促使他發無上菩提心；或者因為對眾生生起大悲心的緣故，能夠自動發無上菩提心；或者因為正法趨於消亡，因為護持正法的

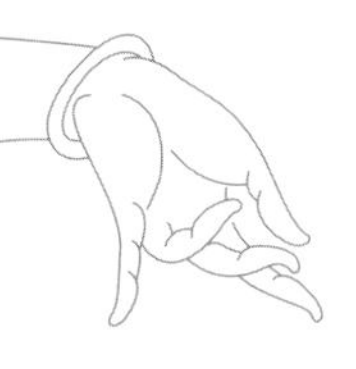

緣故，能夠自動發起無上菩提心。像這樣信心成就，發無上菩提心的人，能夠進入正定聚，終究不再退轉，稱為住持在如來種姓當中，能夠與真如相應。

**若有眾生善根微少，久遠已來煩惱深厚，雖值於佛亦得供養，然起人天種子[1]，或起二乘種子[2]。設有求大乘者，根則不定[3]，若進若退[4]。或有供養諸佛未經一萬劫，於中遇緣亦有發心，所謂見佛色相[5]而發其心；或因供養眾僧而發其心；或因二乘之人教令發心；或學他發心。如是等發心，悉皆不定，遇惡因緣[6]，或便退失[7]，墮二乘地。**

## 注釋：

1 人天種子：即凡夫位中的人、天二位的種子。這裏指發心追求人天福報。

2 二乘種子：指小乘聲聞、緣覺的種子。這裏指發心追求個人解脫。

3 根則不定：指發心追求大乘的根性不決定。

4 若進若退：指有時候勇猛精進，有時候懈怠放逸。

5 見佛色相：看見佛的色身形相。指看見佛色身的三十二相、八十種好等。

6 惡因緣：指導致眾生退失菩提心的因緣。包括兩種：一是環境惡劣，四緣不具足，政治壓迫等；二是境遇太優裕，名利供養太多。

7 退失：指退失菩提心。墮二乘地：退墮到二乘之位，只求個人解脫，獨善其身。

**譯解：**

如果有眾生善根微少，久遠以來煩惱深厚，這樣的人雖然遇到佛，也供養佛，但是生起的是追求人天福報的種子，或者二乘修行的種子。如果其中有發心追求大乘的人，則其追求大乘的根性不決定，有時勇猛精進，有時懈怠放逸。也有供養諸佛不足一萬劫，在這過程中遇到因緣發無上菩提心的情況，如有的人看見佛的微妙色身而發心，有的人因供養眾多僧人而發心，有的人是因為二乘修行人教導促使他發心，有的人跟從他人發菩提心等等。像這樣發菩提心的人，其如來種姓都不決定，如果遇到惡的因緣，就容易退墮到二乘修行的地位。

本段是說修行未圓滿，則不能發堅固的菩提心，不能住持如來種姓。

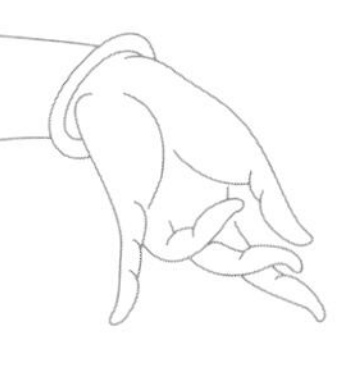

**復次，信成就發心者，發何等心？略說有三種。云何為三？一者、直心[1]，正念真如法[2]故。二者、深心[3]，樂集[4]一切諸善行故。三者、大悲心，欲拔一切眾生苦故。**

**問曰：「上說法界一相[5]，佛體無二[6]，何故不唯念真如，復假求學諸善之行？」**

**答曰：「譬如大摩尼寶[7]體性明淨，而有礦穢之垢[8]。若人雖念寶性，不以方便種種磨治[9]，終無得淨。如是眾生真如之法體性空淨[10]，而有無量煩惱染垢[11]。若人雖念真如，不以方便種種熏修[12]，亦無得淨。以垢無量，遍一切法故，修一切善行以為對治。若人修行一切善法，自然歸順[13]真如法故。**

## 注釋：

1　直心：即遠離二邊、戲論的般若正見。

2　正念真如法：即以無分別的般若正見，與真如法相應。

3　深心：深廣心。

4　集：修集。

5 法界一相：即前面所說的一法界大總相法門體。指法界全體事物現象的真如本性。

6 佛體無二：是說諸佛體性都是真如，沒有差別。

7 摩尼寶：即如意珠，印度傳說中的寶物。

8 礦穢之垢：指礦物污穢對摩尼寶珠的垢染。

9 磨治：琢磨修治。

10 體性空淨：指真如性體不與一切煩惱生滅現象相應，清淨無染。

11 明本注曰：「染垢」，疏本作「垢染」。

12 熏修：熏習修治，以轉化煩惱垢染。

13 歸順：回歸、順應。

**譯解：**

信成就發心，是發什麼樣的心呢？簡略說來，有三種，一是直心，即以無分別的般若正見與真如法相應。二是深心，即樂於修集一切善行。三是大悲心，即願意拔除一切眾生的痛苦。

有人會問，前面說到真如是法界全體事物現象的本性，諸佛體性是同一真如，沒有差別。為什麼不直接發心與真如相應，還要去修習一切諸善之行呢？

這就像大摩尼寶珠，體性光明潔淨，但又附着有種種礦物污穢的垢染。如果一個人只是關注大摩尼寶珠的光明潔淨，而不想辦法以種種方式琢磨擦拭，大摩尼寶珠終究無法顯現其潔淨本性。同樣道理，眾生的真如體性雖然清淨，但為無量煩惱所垢染。如果有人只是想着以無分別心與真如相應，不借助種種方法熏習修行，也無法圓滿體證真如的清淨本性。因為人的煩惱無量無邊，什麼都被煩惱所熏染，因此必須修習一切善行進行糾正。如果一個人能夠修行一切善法，自然能夠回復、隨順真如法。

本段主要闡明信成就發心的內涵。因為信成就發心不僅提到正念真如法，還提到修習一切善行。所以接着闡明信成就發心之所以仍要強調修習一切善行，目的在於以此熏習、淨化種種煩惱垢染。因此，修習大乘行，並不是見性就萬事大吉，還必須方便修習

一切善行，對治自心的種種煩惱垢染，如是才能真正持久地與真如相應。

略說方便有四種。云何為四？

一者、行根本方便[1]。謂觀一切法自性無生[2]，離於妄見，不住生死[3]。觀一切法因緣和合，業果不失[4]，起於大悲，修諸福德，攝化眾生，不住涅槃[5]，以隨順法性無住故。

二者、能止方便[6]。謂慚愧悔過，能止一切惡法[7]不令增長，以隨順法性，離諸過故。

三者、發起善根增長方便[8]。謂勤供養、禮拜三寶[9]，讚歎[10]、隨喜[11]、勸請諸佛[12]，以愛敬三寶淳厚心故，信得增長，乃能志求無上之道。又因佛法僧力所護[13]故，能消[14]業障，善根不退，以隨順法性離癡障[15]故。

四者、大願平等方便[16]。所謂發願盡於未來，化度一切眾生使無有餘[17]，皆令究竟無餘涅槃[18]，以隨順法性無斷絕[19]故，法性廣大，遍一切眾生，平等無二，不念彼此[20]，究竟寂滅故。

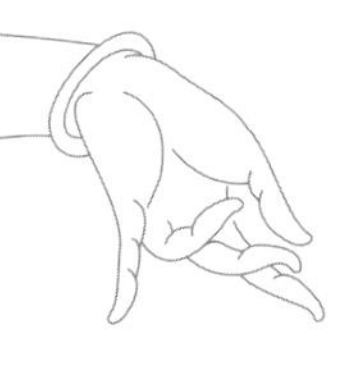

## 注釋：

1 行根本方便：大乘修行的根本方法，即以中道正見隨順真如的修行方法。

2 觀一切法自性無生：認識到一切事物現象的生起沒有真實自性。

3 不住生死：不執着於生死流轉的生滅現象。

4 業果不失：因果報應沒有差失。

5 不住涅槃：不執着於清淨的不生不滅的涅槃境界。

6 能止方便：指止息一切惡的思想行為的方法。

7 惡法：惡的思想行為。

8 發起善根增長方便：指生起善根、增長善根的修行方法。

9 三寶：即佛教中所說的佛、法、僧。

10 讚歎：指讚歎諸佛。

11 隨喜：指見人行善，心生歡喜。

12 勸請諸佛：指勸請諸佛常住世間，説法利益眾生。

13 佛法僧力所護：指佛法僧三寶力量的加持、護佑。

14「消」，宋本、元本、明本、宮本均作「銷」。

15 離癡障：遠離愚癡的障蔽。

16 大願平等方便：指發大誓願平等度化眾生的修行方法。

17 使無有餘：沒有遺漏。

18 無餘涅槃：相對於有餘涅槃而言。指斷除一切世間生死因果，不再受生三界的涅槃。

19 法性無斷絕：真如法性無窮無盡，沒有斷絕。

20 不念彼此：不分別眾生的不同。

**譯解：**

本段闡明發菩提心方便修行的方法。發菩提心的方便行簡略説來有四種：

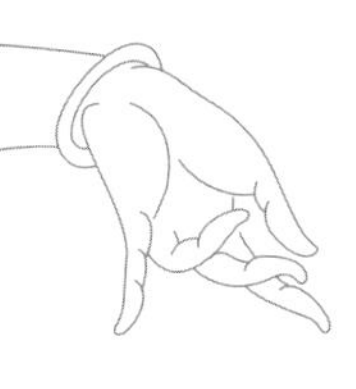

一是行根本方便。行根本方便是不執着二邊的中道，它包括兩方面意義，其一是認識到一切事物現象虛妄不實，沒有真實的生滅自性，因而能遠離虛妄執着，不執着於生死流轉；其二是認識到一切事物現象因緣和合而有，因果報應分毫不差，因而能生起大悲心，修習一切福德善行，攝受度化眾生，不執着於涅槃清淨，能夠隨順真如法性無所執着。

二是能止方便。能止方便是說知道慚愧悔過，因而能夠止息一切惡的思想行為，不讓其進一步發展，能夠隨順真如法性遠離種種過失。

三是發起善根增長方便。所謂發起善根增長方便，是指勤於供養、禮拜佛法僧三寶，讚歎諸佛，見人行善心生歡喜，勸請諸佛常住世間說法利益眾生，因為心性淳厚，敬愛三寶的緣故，信心不斷增長，因而能發心追求無上菩提之道。又因為有佛法僧三寶的加持護佑的緣故，能夠消除業障，善根不退，能夠隨順真如法性，遠離愚癡的障蔽。

四是大願平等方便。大願平等方便是指發大誓願，願未來世，化度一切眾生沒有遺漏，讓他們都能證入究竟的無餘涅槃。能夠隨順真如法性的無窮無盡，真如法性的廣大無邊，遍及一切眾生，平等一如，沒有差別，究竟寂滅。

這四個方面概括地說，一是不落二邊的正見，二是止惡，三是修善，四是發度化眾生的大願。

菩薩發是心故，則得少分見於法身。以見法身故，隨其願力能現八種利益眾生[1]。所謂從兜率天退[2]，入胎[3]，住胎[4]，出胎，出家，成道，轉法輪[5]，入於涅槃[6]。然是菩薩未名法身，以其過去無量世來有漏[7]之業未能決斷[8]，隨其所生與微苦[9]相應，亦非業繫[10]，以有大願自在力[11]故。

## 注釋：

1 八種利益眾生：指八種利益眾生的事相，即佛教中通常所說的「八相成道」。

2 從兜率宮退：即從兜率宮下生。

3 入胎：投生。

4 住胎：在母胎中。

5 「轉法輪」，金本作「轉大法輪」：指說法普度眾生。

6 入於涅槃：示現寂滅。

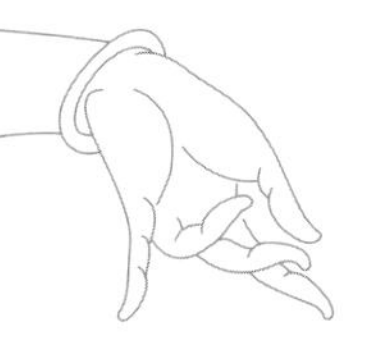

7　有漏：流失、泄露，煩惱的異名。眾生因為煩惱的過失，在虛妄生滅的世界中流轉，因此稱為有漏。

8　決斷：決定斷除。

9　微苦：微細的苦受。

10　業繫：指業繫苦。即凡夫因業力繫縛所受分段生死之苦。

11　大願自在力：大悲誓願所具有的自在解脱力。

**譯解：**

菩薩能夠發如是無上菩提心，則能體證部分真如法身。因為能夠體證法身的緣故，與其願力相應，能夠示現八種事相利益眾生。即從兜率宮降生、投胎、住胎、出生、出家修行、得道成佛、説法普度眾生、入於涅槃。

但是初住菩薩還不能稱為法身菩薩，因為其過去無量世以來的有漏的業果還未能決定斷除，因此會隨着過去世熏集的有漏業種而受生，會有微細的苦受。但初住菩薩因為

有大悲誓願的自在解脱力的緣故，因而其受生又與凡夫受業力驅使而受苦報有所不同。

本段闡明信成就發心能夠示現八種利益眾生的事相，實際上概括了佛陀從出生到涅槃的人生歷程。

**如修多羅中，或說有退墮惡趣者，非其實退，但為初學菩薩未入正位[1]而懈怠者，恐怖[2]令使[3]勇猛故。又是菩薩一發心後，遠離怯弱，畢竟不畏墮二乘地。若聞無量無邊阿僧祇劫勤苦難行[4]乃得涅槃，亦不怯弱，以信知一切法從本已來自涅槃故。**

注釋：

1 未入正位：在這裏指沒有入正定聚。

2 恐怖：使恐怖、警醒。

3 「使」，明本作「彼」。

4 勤苦難行：艱難勤苦的修行。

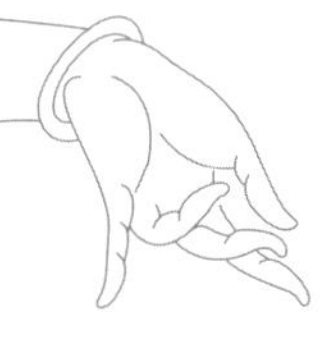

**譯解：**

像佛經中有說初住菩薩有退墮到惡道中的情形，實際上並不是真正的退墮，只是為了讓那些還沒有進入發心住正位，有時還會生懈怠心的初學菩薩，心生恐懼、警醒，促使他勇猛精進的緣故。再就是，初住菩薩一當其發無上菩提心，就能遠離怯弱心，本來就不畏懼墮入二乘修行的地位。他們聽說要經歷無量無邊阿僧祇劫艱難勤苦的修行才能證得涅槃，也不會生起怯弱心，因為他們相信、了知一切事物現象從本以來本性涅槃。

## 第三項　關於解行發心

解行發心者，當知轉勝[1]。以是菩薩從初正信已來，於第一阿僧祇劫[2]將欲滿[3]故，於真如法中，深解現前，所修離相[4]。以知法性體無慳貪[5]故，隨順修行檀波羅蜜[6]；以知法性無染，離五欲[7]過故，隨順修行尸波羅蜜[8]；以知法性無苦，離瞋惱[9]故，隨順修行羼提波羅蜜[10]；以知法性無身心相，離懈怠故，隨順修行毘梨耶波羅蜜[11]；以知法性常定，體無亂[12]故，隨順修行禪波羅蜜[13]；以知法性體明，離無明故，隨順修行般若波羅蜜[14]。

## 注釋：

1 轉勝：更為殊勝。

2 第一阿僧祇劫：佛教認為，從初發心住到成佛，要經歷三大阿僧祇劫的修行。從初住到第十回向修行圓滿，為第一阿僧祇劫。

3 「滿」，金本作「滿足」。

4 所修離相：所作修行能夠遠離形相的執着。在這裏指加行位菩薩能夠遠離形相的執着，修行佈施、持戒、忍辱、精進、禪定、智慧六度。

5 慳貪：慳吝、貪欲。

6 檀波羅蜜：即六度中的佈施。佈施包括財佈施、法佈施和無畏佈施三種。波羅蜜，即到彼岸。檀波羅蜜即通過佈施修行到彼岸的修行方法。

7 五欲：指對色、聲、香、味、觸的貪欲。

8 尸波羅蜜：即六度中的持戒。

9 嗔惱：嗔恨、惱害。

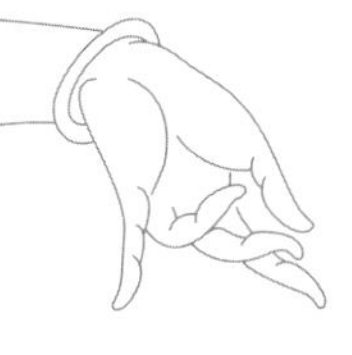

10　羼提波羅蜜：指六度中的忍辱。

11　毘梨耶波羅蜜：指六度中的精進。

12　亂：散亂。

13　禪波羅蜜：指六度中的禪定。

14　般若波羅蜜：指六度中的智慧。

**譯解：**

解行發心又比信成就發心更為殊勝。因為加行位菩薩從初發心住到第十回向，一大阿僧祇劫修行將要圓滿，對於真如法性有甚深信解，能夠隨順真如法性，遠離一切事物現象的形相執着修習六度。因為如實了知真如法性沒有慳吝、貪欲的緣故，能夠隨順真如法性修行佈施；因為了知真如法性沒有妄染，遠離五欲的過患的緣故，能夠隨順真如法性持戒修行；因為了知真如法性沒有苦惱，遠離嗔恨和惱害的緣故，能夠隨順真如法性修行忍辱；因為了知真如法性沒有身心的形相，遠離身心懈怠的緣故，能夠隨順真如法性精進修行；因為了知真如法性恆常靜定，性體沒有散亂的緣故，能夠隨順真如法性

修習禪定；因為了知真如法性性體澄明，遠離無明的緣故，能夠隨順真如法性修習般若智慧。

本段闡明解行發心的內涵。解行發心突出強調的是修行人在對真如的甚深信解的基礎上，依循真如法性修行六波羅蜜。

## 第四項 關於證發心

證發心者，從淨心地乃至菩薩究竟地[1]。證何境界？所謂真如[2]。以依轉識說為境界，而此證者無有境界，[3]唯真如智名為法身。是菩薩於一念頃[4]能至十方無餘世界[5]，供養諸佛、請轉法輪，唯為開導利益眾生。不依文字[6]，或示超地速成正覺[7]，以為怯弱眾生故；或說我於無量阿僧祇劫當成佛道，以為懈慢眾生故。能示如是無數方便不可思議，而實菩薩種性根等[8]，發心則等，所證[9]亦等，無有超過之法[10]。以一切菩薩皆經三阿僧祇劫故，但隨眾生世界不同，所見、所聞、根、欲、性[11]異，故示所行[12]亦有差別。

又是菩薩發心相者，有三種心微細之相。云何為三？一者、真心[13]，無分別[14]故。二者、方便心[15]，自然遍行，利益眾生故。三者、業識心[16]，微細起滅故。

## 注釋：

1 證發心者，從淨心地乃至菩薩究竟地：是說證發心，是從淨心地到菩薩究竟地十地菩薩的發心。

2 證何境界，所謂真如：是說證發心所體證的是真如。

3 以依轉識說為境界，而此證者無有境界：是說對真如的體證本身沒有任何境界。之所以說境界，是比照轉識現起的境界來說的。

4 一念頃：一個念頭的時間。

5 「無餘世界」，金本作「無量世界」。十方無餘世界：十方所有世界。

6 不依文字：是說十地菩薩教化眾生不依靠語言文字。

7 超地：超越階位。速成正覺：迅速成就無上正等正覺，即成佛。

8 菩薩種性根等：菩薩的種性、根機是平等沒有差別的。種性：指十地菩薩成佛的種性。等：平等。

9 所證：所體證的真如。

10 無有超過之法：沒有超越階位成佛的方法。

11 根：根機。欲：意欲，興趣愛好意願。性：習性。

12 所行：修行的方式。

13 真心：真實不妄的心。

14 無分別：即無分別智。

15 方便心：即用種種方法利益眾生的心。

16 業識心：眾生生死流轉的根本心識，即阿賴耶識。

**譯解：**

證發心，是從淨心地到菩薩究竟地的十地菩薩的發心。證發心證的是什麼境界呢？證發心是對真如的體證。説體證境界是從轉識現起境界相來説的，實際上，並沒有什麼境界可體證，只是真如智與真如無二無別，稱為法身。

十地菩薩能於生起一個念頭的時間，到十方所有世界供養諸佛，請諸佛說法，只為開導利益眾生。十地菩薩利益眾生不依靠語言文字，或者為怯弱眾生，示現超越階位迅速成就無上正等正覺；或者為懈怠傲慢的眾生，說自身經歷無量阿僧祇劫將會成就佛道。能為不同根機眾生，示現如是無量不可思議的善巧方便。但實際上，十地菩薩種性、根機是平等沒有差別的，其所發菩提心是平等沒有差別的，所體證的真如也是平等沒有差別的，因此沒有什麼超越階位成就佛道的方法，一切菩薩都是經歷三大阿僧祇劫成就佛道。但隨眾生世界不同，眾生所見、所聞、根機、意欲、習性的差異，菩薩所示現的修行也有差別。

十地菩薩發菩提心有三種微細的心相，一是真心，即無分別智。二是方便心，即能夠自然而然地普遍利益一切眾生的勝妙作用。三是業識心，即微細生滅的阿賴耶識。

本段闡明證發心的修行方式及內涵。十地菩薩因為與真如相應的緣故，因而修行具有種種勝妙作用。

又是菩薩功德成滿，於色究竟處[1]示一切世間最高大身。謂以一念相應慧[2]，無明頓盡，名一切種智[3]，自然而有不思議業，能現十方利益眾生。

問曰：「虛空無邊故世界無邊，世界無邊故眾生無邊，眾生無邊故心行[4]差別亦復無邊。如是境界不可分齊[5]，難知難解。若無明斷無有心想[6]，云何能了，名一切種智？」

答曰：「一切境界，本來一心離於想念[7]，以眾生妄見境界故，心有分齊；以妄起想念不稱法性[8]故，不能決了[9]。諸佛如來離於見想[10]，無所不遍。心真實故，即是諸法之性[11]。自體顯照一切妄法[12]，有大智用[13]無量方便[14]，隨諸眾生[15]所應得解[16]，皆能開示種種法義，是故得名一切種智。」

又問曰：「若諸佛有自然業，能現一切處利益眾生者，一切眾生若見其身、若睹神變[17]、若聞其說，無不得利。云何世間多不能見？」

答曰：「諸佛如來法身平等遍一切處，無有作意[18]故。而[19]說自然，但依眾生心現。眾生心者猶如於鏡，鏡若有垢，色像不現。如是眾生心若有垢，法身不現故。」

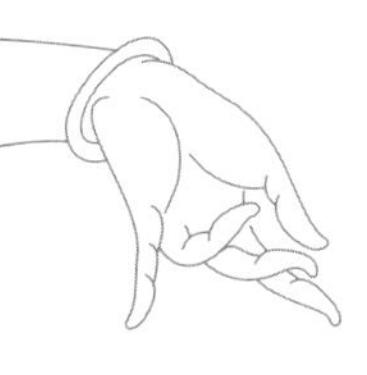

## 注釋：

1 色究竟處：即色究竟天。色界最高天。

2 一念：始覺的最後一念。一念相應慧：指始覺最後一念與真如相應的智慧。

3 一切種智：指對世間出世間無不了知的智慧。

4 心行：心念活動。

5 不可分齊：無法界限。

6 「心想」，金本作「心相」。心想：心識分別。

7 想念：分別、執取。

8 不稱法性：與真如法性不相契合。稱：符合，契合。

9 明本注曰：疏本無「決」字。決了：決定了知事物現象的本性及真實相狀。

10 明本注曰：「想」，疏本作「相」。見想：執取、思慮。

11 心真實故，即是諸法之性：自心真實，與真如相應，也即是一切事物現象的真實

本性。

12 自體：真如心體。顯照：顯現、明照。自體顯照一切妄法：是說諸佛真如心體能夠顯現、觀照一切生滅現象。

13 用：指諸佛身口意三業妙用。

14 方便：善巧方便。

15 「眾生」後，宋本、元本、明本、宮本均有「性」字。

16 所應得解：所應獲得領悟的方式。

17 神變：神通變化。

18 無有作意：沒有人為意念。

19 「而」，宮本、金本無。明本注曰：「故」下，疏本無「而」字。

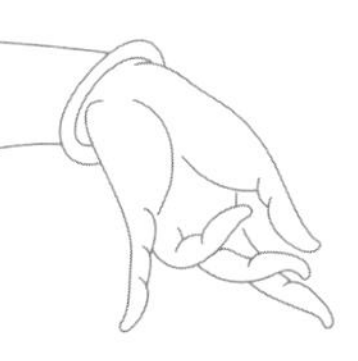

**譯解：**

十地菩薩功德圓滿成就，即於色究竟天示現一切世間最高大、最圓滿的身相，以最終一念與真如相應的智慧，斷除一切無明，成就一切種智，自然而有不可思議的勝妙作用，能於十方世界普遍示現，利益眾生。

有人會問，虛空沒有邊界，因此世界沒有邊界。世界沒有邊界，因此眾生無量無邊。眾生無量無邊，因此眾生心念活動的差別也無量無邊。這樣無量無邊的境界，無法界限，難以了知，難以理解。如果無明斷除了，沒有了心識的分別，又怎麼能起了知作用，而稱為一切種智呢？

回答是：一切境界本來都是真如一心，遠離心識的分別、執取，只是因為眾生虛妄分別，執取境界的緣故，心有分界。因為虛妄分別、執着，不能契合真如法性，所以不能決定了知一切事物現象的本性及真實相狀。諸佛如來遠離虛妄分別執着，因而能夠周遍一切。因為自心與真如相應，而真如即是一切事物現象的本性，因此真如心體能夠顯現、觀照一切虛妄的事物現象，有大智慧、種種勝妙作用，和無量方便智慧，能夠隨順眾生的根機智慧，開示種種佛法義理，因此能夠稱為一切種智。——以上言菩薩功德圓滿成就的一切種智，是離於見想的真實智慧，區別於凡夫的心識分別，能夠自然顯照、

隨順一切眾生心念，開示相應的佛法。

又有人問：如果諸佛有自然不可思議的身口意三業妙用，能在一切地方顯現利益眾生，一切眾生如果看見其色身，目睹其神通變化，聽見其說法，都能獲得利益。為什麼世間眾生大多不能看見呢？

回答是：諸佛如來法身是平等沒有差別的，普遍地存在於一切地方，不是人為意念的作用，是自然顯現的。但諸佛的身口意三業妙用又是依眾生心顯現的。眾生心好比鏡子，如果鏡面有污垢，就不能顯現色像。眾生心也是一樣，如果心有煩惱垢染，諸佛法身也無法在眾牛心中顯現。——本節闡明諸佛法身普遍地存在於一切處所，而眾生之所以不能看見的原因是自心為煩惱垢染遮蔽的緣故。

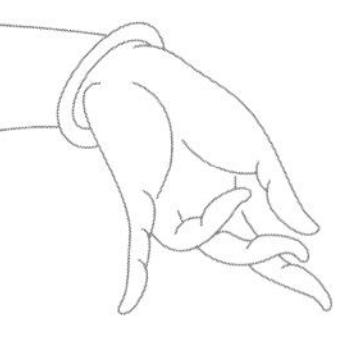

# 第五章 修行信心的內涵及方法

## 第一節　修行信心概說

**已說解釋分。次說修行信心分。**

**是中依未入正定眾生[1]故，說修行信心。何等信心？云何修行？**

注釋：

1 「正定」後，宋本、元本、明本、宮本、金本均有「聚」字。未入正定眾生：指沒有入正定聚的眾生，指發心住之前的眾生。

**譯解：**

已經闡述了解釋的內容，以下闡明修行信心內容。

本部分是為沒有入正定聚的眾生闡明修行信心內容。這裏說的信心是指哪些方面信心，又如何修行呢？

本段提示本節主要內容：一是修行什麼信心？二是如何修行？

## 第二節 修行信心的內涵

**略說信心有四種。云何為四？一者、信根本[1]，所謂樂念[2]真如法故。二者、信佛有無量功德，常念親近供養恭敬，發起善根，願求一切智故。三者、信法有大利益，常念修行諸波羅蜜故。四者、信僧[3]能正修行[4]、自利利他，常樂親近諸菩薩眾，求學如實行[5]故。**

**注釋：**

1 根本：即真如。因為真如是佛法的根本。

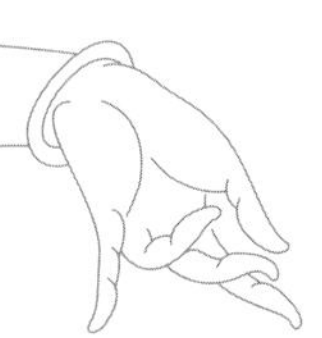

2　念：想念，念念不忘。

3　僧：僧寶，在這裏與下文所說的「諸菩薩眾」同義。按印順法師解釋，大乘佛教的僧寶，指一切修行大乘佛法的出家人和在家人。

4　正修行：如實修行，與真如法相應的修行。

5　如實行：如實修行。義同「正修行」。

**譯解：**

本段闡明所修信心的內容，指對真如及佛法僧三寶的信心。

簡略說來，信心包含四個方面。一是相信真如根本，即樂於想念真如法；二是相信諸佛有無量清淨圓滿的功德，恆常想念親近、供養、恭敬諸佛，生起善根，發願追求像佛一樣清淨圓滿的智慧；三是相信佛法具有大利益，恆常想念修行種種度化眾生的法門；四是相信大乘佛法的修行者能夠如實修行，恆常樂於親近諸菩薩眾，向他們求學，如實修行。

《起信論》所謂修行信心，是其關於佛教修行目標、修行根本的闡述。所謂「信心」，主要是指與真如心相應。《起信論》認為，佛教的修行目標、修行根本是「信真如法」，與真如心相應。

## 第三節 修行信心的方法

### 第一項 五門修行的方法

**修行有五門[1]，能成[2]此信。云何為五？一者、施門，二者、戒門，三者、忍門，四者、進門，五者、止觀[3]門。**

注釋：

1 五門：五種修行法門，包括佈施、持戒、忍辱、精進、止觀。止觀包括禪定和智慧兩方面，因此，這裏所說的五門，與上文所說的六波羅蜜相同。

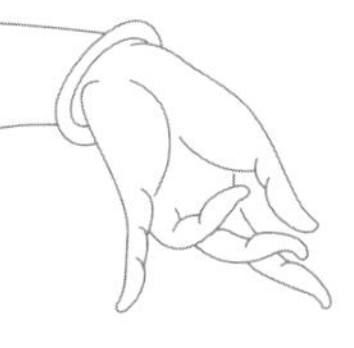

2 「成」後，金本有「就」字。

3 止觀：包括禪定和智慧。

**譯解：**

本段總說修行信心的五種法門。

有五種修行法門，能夠成就信心。一是佈施，二是持戒，三是忍辱，四是精進，五是止觀。

**云何修行施門？若見一切來求索者[1]，所有財物，隨力[2]施與，以自捨慳貪，令彼歡喜。若見厄難恐怖危逼[3]，隨己堪任[4]，施與無畏[5]。若有眾生來求法者，隨己能解，方便為說。不應貪求名利恭敬，唯念自利利他，回向菩提[6]故。**

**注釋：**

1 求索者：尋求、索取財物的眾生。

2 隨力：根據自己的力量。

3 厄難：災厄、苦難。恐怖：恐懼、怖畏。危逼：危害、逼迫。

4 堪任：有能力擔當。

5 施與無畏：即解救危難等，使眾生遠離怖畏。

6 回向菩提：即將修行功德回向到無上菩提的成就。回向：即將修行功德指向某一目標。

**譯解：**

如何修行佈施法門呢？如果看見來尋求、索取財物的眾生，應該根據自己所擁有的財物，盡力施與，一方面自己放下自己的慳吝、貪欲，另一方面讓眾生歡喜。如果看見眾生有災厄、苦難、恐懼、怖畏，和遭受危害、逼迫的情況，應根據自己的擔當能力，

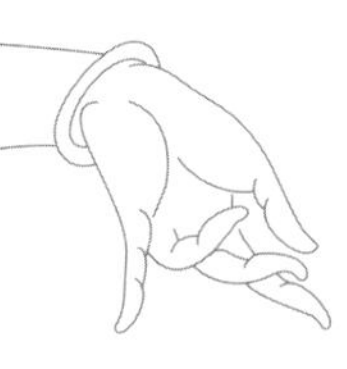

幫助眾生解除種種危難，使眾生免除怖畏。如果有眾生來尋求佛法，應根據自己理解的程度，用善巧方便的方法為他解說。不應貪求名利和他人的恭敬，而應一心追求自利利他，將修行功德回向無上菩提的成就。

本段闡明修行佈施的法門。佈施一方面解除他人困厄，令他人歡喜，獲得法益。另一方面令自身放下吝嗇、貪欲之心。

**云何修行戒門？所謂不殺、不盜、不淫、不兩舌、不惡口、不妄言、不綺語[1]，遠離貪嫉、欺詐、諂曲、瞋恚、邪見。若出家者為折伏煩惱故，亦應遠離憒鬧[2]，常處寂靜，修習少欲知足頭陀等行[3]。乃至小罪，心生怖畏，慚愧改悔，不得輕於如來所制禁戒[4]。當護譏嫌[5]，不令眾生妄起過罪[6]故。**

## 注釋：

1　不淫：不邪淫。即不搞非正當兩性關係。不兩舌：不向兩邊搬弄是非。不惡口：不惡語相向。不綺語：不花言巧語。

2 憒鬧：混亂熱鬧的的場所。

3 頭陀行：佛教苦行之一。修頭陀行須遵守穿糞掃衣、着三衣、常乞食、不作餘食、一坐食、節量食、住阿蘭若、塚間坐、樹下坐、露地坐、常坐不臥等規定。

4 禁戒：即戒律。

5 當護譏嫌：應當保護自身的戒行，以免引起眾生生起對僧眾的譏諷和嫌惡。

6 妄起過罪：指在家人因為譏諷、嫌惡僧人而招致罪過。

**譯解：**

如何修行持戒法門呢？所謂持戒，即不殺生、不偷盜、不邪淫、不搬弄是非、不惡語相向、不說謊、不花言巧語，遠離貪欲、嫉妒、欺詐、諂媚奉承、嗔恨、錯誤見解。就出家人而言，為了折伏內在的煩惱，應遠離混亂熱鬧的場所，安處寂靜，修習少欲知足的頭陀行等。乃至違反小的過錯，也應心生恐懼、警醒，慚愧悔改，不能輕視如來制定的禁戒。應當保護自身的戒行，以免眾生生起對僧眾的譏諷嫌惡，招致罪過。

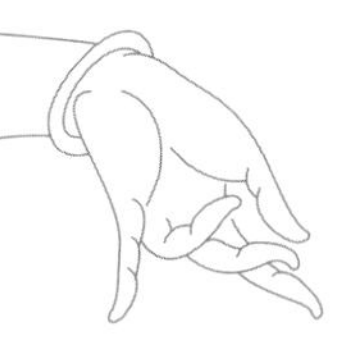

本段闡明修行持戒法門。對於在家人而言，持戒主要是修行十善；對於出家人而言，持戒主要是修習頭陀行。

**云何修行忍門？所謂應忍他人之惱[1]，心不懷報；亦當忍於利衰、毀譽、稱譏、苦樂等法[2]故。**

**注釋：**

1　惱：惱害。

2　利衰：利益、順利，衰敗；毀譽：毀謗和讚譽；稱譏：稱讚和譏諷。

**譯解：**

如何修行忍辱法門呢？所謂忍辱，即應忍耐他人的惱害，不懷報復之心；對世間順利和衰敗、毀謗和讚譽、稱讚和譏諷、痛苦和快樂等情境也應忍耐，不為所動。

云何修行進門？所謂於諸善事，心不懈退[1]，立志堅強，遠離怯弱。當念過去久遠已來，虛受[2]一切身心大苦，無有利益，是故應勤修諸功德，自利利他，速離眾苦。

復次，若人雖修行信心，以從先世[3]來多有重罪惡業障故，為魔邪諸鬼[4]之所惱亂，或為世間事務種種牽纏，或為病苦所惱。有如是等眾多障礙，是故應當勇猛精勤，晝夜六時[5]禮拜諸佛，誠心懺悔[6]、勸請、隨喜、回向菩提，常不休廢，得免諸障、善根增長故。

**注釋：**

1 懈退：懈怠、退縮。

2 虛受：徒然遭受。

3 「先世」後，宋本、元本、明本、宮本有「已」字。先世：過去世。

4 「魔邪」明本作「邪魔」。魔邪諸鬼：佛教中指擾亂身心、障礙修行的一切煩惱、疑惑、癡迷等心理、精神現象。

5 晝夜六時：印度將晝夜分為六時。

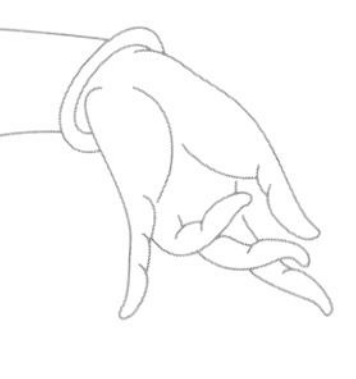

6 懺悔：懺：請求他人諒解。悔：追悔過去之罪，在佛菩薩、師長、大眾面前告白道歉，以期達到滅罪的目的。

## 譯解：

如何修行精進法門呢？所謂精進，即對於修行一切善事，不懈怠、退縮，立志堅強，遠離怯弱。常常提醒自己過去久遠以來，因為不了解佛法，徒然虛受了一切身心的痛苦，沒有真實的利益。現在能夠修行佛法，應當勤於修行種種功德，自利利他，盡快遠離這些痛苦。

再就是，如果有人雖然修行信心，但因為過去世以來有許多重罪和惡業障的緣故，為種種邪魔惡鬼所惱亂，或者為世間種種事物所牽纏，或者為種種病苦所困擾，有如此種種修行障礙，應當勇猛精進地修行。晝夜時常禮拜諸佛，誠心懺悔，勸請諸佛住世說法利益眾生，見人行善心生歡喜，將修行功德回向無上菩提的成就，恆常如是，永不懈怠、停止，就能免除種種修行障礙，增長善根。

修行精進法門，一是精進修行自利利他的善行。二是勤於禮佛、懺悔、隨喜，以消除生生世世以來的業障。

**云何修行止觀門？所言止者，謂止一切境界相[1]，隨順奢摩他觀[2]義故。所言觀者，謂分別因緣生滅相，隨順毘鉢捨那觀[3]義故。云何隨順？以此二義，漸漸修習不相捨離[4]，雙現前[5]故。**

注釋：

1　止：止息，動詞。止一切境界相：即止息一切虛妄境界之相，使不再顯現。

2　奢摩他：止，禪定境界，名詞，指與真如相應的禪定境界。隨順奢摩他觀：即隨順與真如相應的禪定境界的覺觀。

3　「毘鉢捨那」，宋本、元本、明本、宮本均作「毘婆捨那」。毘鉢捨那：正觀，名詞，即與真如相應的正觀。隨順毘鉢捨那觀：即隨順與真如相應的正觀的覺觀。

4　不相捨離：指止觀雙修，不相分離。

5　雙現前：指奢摩他觀和毘鉢捨那觀一起現前。

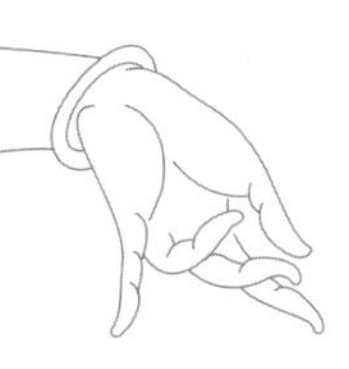

## 譯解：

如何修行止觀法門呢？所謂止，即止息一切虛妄境界之相，隨順奢摩他的覺觀。所謂觀，即分別因緣生滅現象的本性及相狀，隨順毘缽捨那的覺觀。如何隨順呢？即以止觀方便，漸漸修習，止觀雙修，不相分離，直到與真如相應的奢摩他觀和毘缽捨那觀一起現前。

止觀法門將止與觀放在一起說，是因為兩者不能分離，不可只偏重其中的一方面。兩者結合在一起，才是正確的覺觀。

**若修止者，住於靜處[1]，端坐正意，不依[2]氣息[3]、不依形色[4]、不依於空、不依地水火風[5]，乃至不依見聞覺知[6]。一切諸想，隨念皆除[7]，亦遣除想[8]，以一切法本來無相[9]，念念不生、念念不滅[10]。亦不得隨心外念境界[11]，後以心除心[12]。心若馳散，即當攝[13]來，住於正念[14]。是正念者，當知唯心，無外境界。即復此心亦無自相[15]，念念不可得[16]。若從坐起，去來進止[17]，有所施作[18]，於一切時，常念方便[19]，隨順觀察[20]。**

久習淳熟，其心得住。以心住故，漸漸猛利21，隨順得入真如三昧，深伏煩惱，信心增長，速成不退22。唯除疑惑、不信、誹謗23、重罪、業障、我慢、懈怠，如是等人所不能入。

復次，依如是24三昧故，則知法界一相。謂一切諸佛法身與眾生身平等無二，即名一行三昧25。當知真如是三昧根本，若人修行，漸漸能生無量三昧。

## 注釋：

1 靜處：安靜的地方。如印度早期僧人修行所住的蘭若，即指閑靜無人，沒有惱亂，離城不遠不近，容易乞食，樹木花果茂盛，水質清淨，住室安穩，無爭的閑靜處。

2 依：依順，憑靠。

3 氣息：指呼吸。

4 形色：指身體。

5 地水火風：指構成物質現象的四大元素。

6 見聞覺知：即眼、耳、鼻、舌、身、意等心識作用。

7 諸想：指心識的種種分別、執取、思慮活動。一切諸想，隨念皆除：是說一切分別、執取、思慮隨其生起即時遣除。

8 亦遣除想：遣除的想法也應遣除。

9 「相」，宋本、元本、宮本、金本均作「想」。明本注曰：「相」，疏本作「想」。本來無相：本來沒有真實的相狀。

10 念念不生，念念不滅：是說念頭的生起、息滅，本來沒有真實的自性。

11 亦不得隨心外念境界：也不能隨順妄心，分別外在的境界。

12 以心除心：以妄心遣除妄心。在這裏指先有虛妄分別外在的境界，然後又生起遣除的妄心，遣除先前的虛妄分別。

13 攝：收攝心神。

14 住於正念：安住在正念上。正念，指與真如相應的心念。

15 此心：即真如心。即復此心亦無自相：就是這真如心也沒有真實的自體相狀。

16 念念不可得：指念念相續的念頭沒有真實的自體相狀可得。

17 來去進止：即通常所說的日常的行住坐臥。

18 「有所」，金本作「所有」。有所施作：即有所作為，指從事日常事務。

19 方便：即用種種方法遣除分別、執取、思慮。

20 隨順觀察：指隨順真如義理觀察。

21 猛利：勇猛鋭利。指得力，進展順利。

22 不退：不退轉。在這裏指進入初發心住。

23 誹謗：在這裏指誹謗相信真如義理並依真如義理修行的人。

24 「如是」，宋本、元本、明本、宮本、金本均作「是」。

25 一行三昧：指以真如法界為觀想對象，並以法界真如作為唯一行相的一種禪定。入一行三昧，能盡知諸佛法界同一真如，沒有差別。

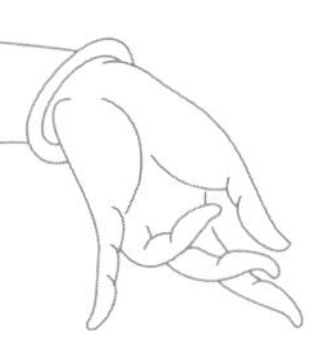

**譯解：**

修習止，應住在安靜的地方，跏趺而坐，端正心意，心不依順於氣息，不依順於身體，不依順於虛空，不依順於地火水風，乃至不依順於見聞覺知。對於一切分別、執取、思慮，應隨其生起即時遣除，而遣除的想法也應遣除，因為一切事物現象本來沒有真實的相狀，念念生起、息滅並沒有真實的自性。也不能隨順自心，分別、執取外在境界，然後以妄心遣除妄心。如果自心馳散於虛妄境界，應當及時收攝心神，安住於正念。這裏所說的「正念」，是指唯念真如一心，不將外在的境界當真。而此真如一心，也沒有自體相狀，念念沒有自性可得。從禪坐中起來，日常行住坐臥，一切時中，應當恆常端正心念，遣除分別執取，隨順真如義理觀察。

如此經過長久的修習，用心純熟，自心自然得以安住。因為自心安住的緣故，定力漸漸猛利，即能隨順契入真如三昧，使煩惱深伏不起，信心不斷增長，即能迅速成就不退轉。只有那些心中疑惑、不信、誹謗、有重罪、業障、我慢、懈怠的眾生，不能契入真如三昧。

依循如是真如三昧的緣故，則能了知法界同一真如，了知一切諸佛法身與眾生的色身平等，沒有差別，即是一行三昧。真如是三昧的的根本，如果一個人能夠依真如三昧

修行，漸漸即能生起無量三昧。

本段闡明修止法門的內涵。其要義一是止息心識的種種分別、執取、思慮；二是止息心識對外在境界的分別；三是正念真如一心；四是日常生活中隨順止息。

**或有眾生無善根力，則為諸魔外道鬼神之所惑亂[1]，若於坐中現形恐怖[2]，或現端正男女等相，當念唯心[3]，境界則滅，終不為惱。**

**或現天像[4]、菩薩像，亦作如來像，相好具足[5]，若[6]說陀羅尼[7]，若[8]說佈施、持戒、忍辱、精進、禪定、智慧，或說平等、空、無相、無願[9]、無怨無親、無因無果、畢竟空寂，是真涅槃。或令人知宿命過去之事，亦知未來之事[10]，得他心智[11]，辯才無礙，能令眾生貪着世間名利之事。又令使人數瞋數喜，性無常準[12]。或多慈愛，多睡多病，其心懈怠。或卒起精進[13]，後便休廢[14]，生於不信，多疑多慮。或捨本勝行[15]，更修雜業。若着[16]世事種種牽纏，亦能使人得諸三昧，少分相似，皆是外道所得，非真三昧。或復令人若一日若二日若三日，乃至七日，住於定中，得自然香美飲食[17]，身心適悅，不饑不渴，使人愛着[18]。或亦[19]令人食無分齊[20]，乍多乍少，顏色變異[21]。**

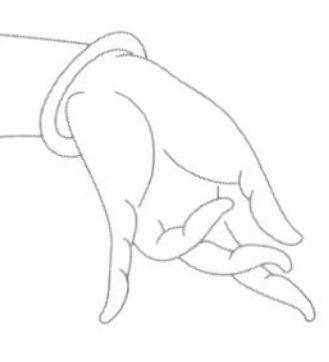

**以是義故，行者常應智慧觀察，勿令此心墮於邪網[22]。當勤正念，不取不着[23]，則能遠離是諸業障。**

## 注釋：

1 惑亂：迷惑、擾亂。

2 現形恐怖：顯現恐怖的形相。

3 當念唯心：應當正念一切都是自心所顯現。

4 天像：天神的形像。

5 相好具足：具足三十二相、八十種好。

6 「若」，宋本、元本、明本、宮本、金本均作「或」。

7 陀羅尼：梵文音譯，也作秘密真言、咒語。意為「總持」，即能持善法不使散失，持惡法使不發揮作用。

8 「若」，金本作「或」。

9 空、無相、無願：是佛教所說的「三解脫」法。空：指觀我、法二空；無相：即觀一切事物現象沒有真實相狀；無願：即觀生死流轉之苦，不可願求。

10 宿命：過去世生命的行事。知宿命過去之事，亦知未來之事：即所謂「宿命通」。

11 得他心智：即獲得「他心通」，能知道六道眾生現在心中所念之事。

12 數嗔數喜：一會兒嗔怒，一會兒歡喜。常準：常規。

13 卒起精進：突然起心精進修行。

14 休廢：放棄。

15 捨本勝行：放棄本來所修的殊勝的修行方法。雜業：相對於正修行而言的雜亂的修行方法。

16 着：執着。

17 得自然香美飲食：獲得自然香美的飲食。即一般傳說中的天人送食。

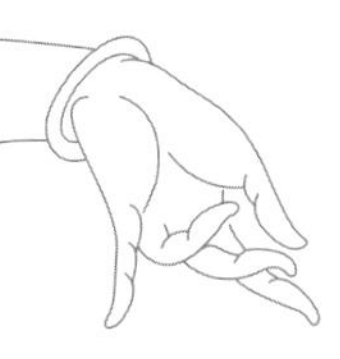

18 愛着：貪愛執着。

19 明本注曰：「或」下，疏本無「亦」字。

20 食無分齊：飲食沒有節制。

21 顏色變異：容貌異乎尋常的變化。如忽而紅潤，忽而憔悴。

22 邪網：邪魔之網。

23 不取不着：不執取，不貪着。

**譯解：**

如果有眾生因為沒有善根力，則會被諸魔、外道、鬼神所迷惑、擾亂，如在禪坐中出現種種恐怖形相，或者出現美貌端正的男女形相，應當正念這一切都是自心所現，如此，這些虛妄的境界就會息滅，終究不會被它所惱亂。

或者出現天神、菩薩，乃至如來的形相，具足三十二相，八十種好，或者為說陀羅尼，或者為說佈施、持戒、忍辱、精進、禪定、智慧六度，或者為說平等、性空、無

相、無願、無因無果、畢竟空寂等，是真涅槃；或者讓人知道過去世的宿命事相，知道未來將要發生的事，獲得他心通，辯才無礙等等，使眾生貪着世間名利；又或者使人喜怒無常。或者讓人過分慈愛，嗜睡多病，心多懈怠。或者讓人突然精進修行，很快又放棄。或者讓人對佛法生起不信，多疑多慮。或者讓人放棄本來所修的殊勝方法，轉而修學一些雜亂的方法。或者讓人執着世俗事務，為其所牽纏；或者讓人獲得某種類似的三昧境界，實際上屬於外道境界，並不是真實的三昧。或者讓人一日、二日、三日，乃至七日，住於禪定，獲得自然香美的飲食，身心舒適暢悅，不饑不渴，使人貪愛執着。或者讓人飲食無度，有時很多，有時很少，容貌變異，忽而紅潤，忽而憔悴。

因為存在這些情形，因此，修行人應當經常以智慧觀察，不要讓自己墮落到邪魔之網中。應當經常提醒自己端正心念，不執取不貪着，則能遠離這些業障。

本段闡明修行過程中遇到魔障，如何修習止的法門。強調遇到魔障，應正念真如，不執取不執着，自然能夠遠離這些業障。

**應知外道所有三昧，皆不離見、愛、我慢[1]之心，貪着世間名利恭敬故。真如三昧者，不住見相[2]，不住得相[3]，乃至出定[4]，亦無懈慢，所有煩惱漸漸微薄。若諸凡夫不習此**

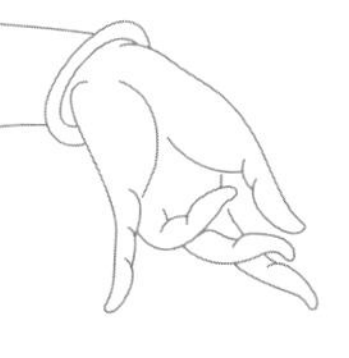

**三昧法，得入如來種姓，無有是處。以修世間諸禪三昧，多起味着[5]，依於我見[6]，系屬三界[7]，與外道共[8]。若離善知識所護，則起外道見故。**

## 注釋：

1 見：邪見，錯誤的見解。愛：貪欲。我慢：我執、憍慢。

2 不住見相：不執着於能見之心。

3 不住得相：不執着於所得之境。

4 出定：從定境中出來。

5 味着：貪着其中的享受。

6 我見：我執的見解。

7 系屬三界：為三界所繫縛，為三界所攝。

8 與外道共：與外道相同。

**譯解：**

應當了解外道所謂三昧，都與邪見、貪愛、我慢相關，都是因為貪着世間名利恭敬的緣故。真如三昧，則不執着於能見的心，也不執着於所得的境界。乃至從禪定中起來，也沒有懈怠、我慢，所有煩惱漸漸微少、稀薄。如果凡夫不修習此真如三昧方法，想要獲得如來種姓，是不可能的。因為修習世間的禪定、三昧，大多容易貪着其中的享受，與我執、邪見相連，為三界所繫縛，與外道相同。如果沒有善知識的護持，則會生起外道的見解。

本段區分真如三昧與外道三昧的差別，說明外道三昧不能遠離錯誤的觀念、貪欲、我執，不能從三界中解脫出來。

**復次，精勤專心修學此三昧者，現世[1]當得十種利益。云何為十？一者、常為十方諸佛菩薩之所護念。二者、不為諸魔惡鬼所能恐怖。三者、不為九十五種外道鬼神之所惑亂。四者、遠離誹謗甚深之法[2]，重罪、業障漸漸微薄。五者、滅一切疑、諸惡覺觀[3]。六者、於[4]如來境界信得增長。七者、遠離憂悔，於生死[5]中勇猛不怯。八者、其心柔和，捨**

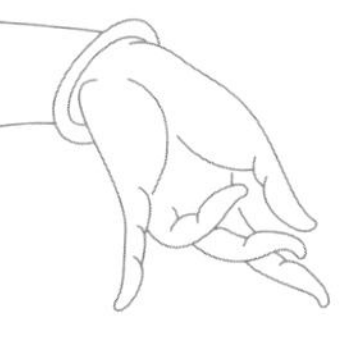

於憍慢，不為他人所惱。九者、雖未得定，於一切時一切境界處，則能減損煩惱、不樂世間[6]。十者、若得三昧，不為外緣一切音聲之所驚動。

**注釋：**

1 現世：現生。

2 甚深之法：指真如法。

3 「疑」後，宋本、元本、明本、宮本有「惑」字。疑：狐疑。覺觀：心中的分別。惡覺觀：心中惡的認識、觀念。

4 明本注曰：「於」下，疏本有「諸」字。

5 生死：生死流轉。

6 不樂世間：不耽樂於世間的境界。

**譯解：**

本段闡明修習真如三昧在現實生活中能夠獲得的十種利益。精勤專心修習真如三昧的人，現世能獲得十種利益。一是常為諸佛菩薩所護持。二是不為諸魔惡鬼所恐怖。三是不為九十五種外道所迷惑、擾亂。四是不會誹謗真如甚深的修行方法，重罪及業障漸漸微少、稀薄。五是消除一切狐疑和種種惡的認識、觀念。六是對於如來境界的信心不斷增長。七是遠離憂愁、悔恨，在生死流轉中無所畏懼。八是其心柔和，遠離憍慢，不為他人所惱亂。九是雖然沒有證得禪定，但在一切時、一切境遇中，能夠減損煩惱，不耽樂於世間的境界。十是如果證得真如三昧，則不為外界的一切音聲所驚動。

**復次，若人唯修於止，則心沉沒[1]，或起懈怠，不樂眾善[2]，遠離大悲，是故修觀。**

**修習觀者，當觀一切世間有為之法[3]，無得久停，須臾變壞。一切心行[4]，念念生滅，以是故苦。應觀過去所念諸法恍惚如夢，應觀現在所念諸法猶如電光[5]，應觀未來所念諸法猶如於雲，忽[6]爾而起。應觀世間一切有身[7]，悉皆不淨，種種穢污，無一可樂。**

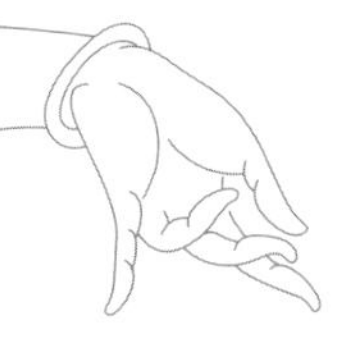

**注釋：**

1 沉沒：昏沉。

2 不樂眾善：不樂於修行種種利益眾生的善法。

3 有為之法：指有作為、有造作的因緣所生的事物現象。

4 心行：心念活動。

5 電光：閃電。這裏用來形容事物現象變化很快，不能常住。

6 明本注曰：「忽」，疏本作「欻」。

7 有身：指眾生的身體。種種穢污：意思是說眾生身體是種種穢污聚集而成。此為佛教中觀身不淨的不淨觀。

**譯解：**

如果一個人只修習止，則心容易昏沉或生起懈怠，不樂於修行種種利益眾生的善

法，遠離大乘佛教的慈悲精神，因此應當修習觀。修習觀，應當觀察一切世間有為的事物現象，不能持久，很快就壞滅。一切心念活動，念念生滅不息，因此是苦。應當觀察過去所想念的事物現象就像夢境一般，現在所繫念的事物現象如同閃電一樣，未來想念的事物現象又如空中浮雲。應當觀察世間一切身體都是不清淨的，是種種污穢聚集而成，沒有什麼值得耽樂的。

本段闡明修習觀的方法，其要點是觀察世間一切現象、眾生一切心念變化無常，觀察眾生的身體污穢不淨，沒有真正的快樂。

**如是當念，一切眾生從無始世[1]來，皆因無明所熏習故，令心生滅[2]，已受一切身心大苦，現在即有無量逼迫，未來所[3]苦亦無分齊，難捨難離[4]，而不覺知。眾生如是，甚為可愍[5]。作此思惟，即應勇猛立大誓願：「願令我心離分別故，遍於十方修行一切諸善功德，盡其未來，以無量方便救拔一切苦惱眾生，令得涅槃第一義樂[6]。」以起如是願故，於一切時、一切處，所有眾善，隨己堪能，不捨修學，心無懈怠。**

**唯除坐時專念於止[7]，若餘一切[8]，悉當觀察應作不應作。**

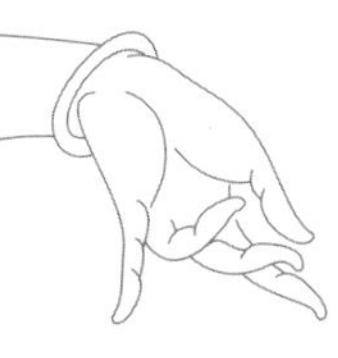

**注釋：**

1　明本注曰：「始」下，疏本無「世」字。

2　令心生滅：使自心生滅無常。

3　「所」，宋本、元本、明本、宮本、金本均作「世」。

4　難捨難離：是說煩惱痛苦難以放下、難以擺脫。

5　湣：同憫。憐憫。

6　涅槃第一義樂：涅槃清淨極樂。因為涅槃超越一切對待，所以稱為第一義樂。

7　坐時專念於止：禪坐時專心修止。

8　若餘一切：禪坐之外的其他時間。

**譯解：**

因此，應當正念，一切眾生從無始以來，都因為無明熏習的緣故，使自心生滅無

常，過去已承受了一切身心的苦痛，現在也有無量的的苦惱逼迫，將來的痛苦也沒有止境，如此沉重的煩惱痛苦，難以放下，難以脫離，而眾生自身卻不能覺察。眾生如此愚癡，真是令人悲憫。有了這樣的思維，即應勇猛立下大誓願：願自心遠離虛妄分別，能夠於十方世界修行一切善的功德，直到未來之世，以無量的方便善巧，救拔一切苦惱眾生，讓他們都能夠證得涅槃妙樂。因為立下這樣的誓願，在一切時一切地方，對所有的善法，都能夠盡自己的能力不停地修學，心中沒有懈怠。

除了禪坐時專心修止，其餘一切時，都應當觀察什麼應作，什麼不應作。

本段說明大乘修行以無分別心修行一切善功德，普度一切眾生令得涅槃解脫的誓願。並突出說明大乘修行人除了禪坐時專心修止外，其他時間都應隨順因緣在生活中觀察什麼應當做，什麼不應當做。

若行若住、若臥若起，皆應止觀俱行[1]。所謂雖念諸法自性不生，而復即念因緣和合善惡之業，苦樂等報，不失不壞[2]。雖念因緣善惡業報，而亦即念性不可得[3]。

若修止者，對治凡夫住着世間，能捨二乘怯弱之見[4]。若修觀者，對治二乘不起大悲

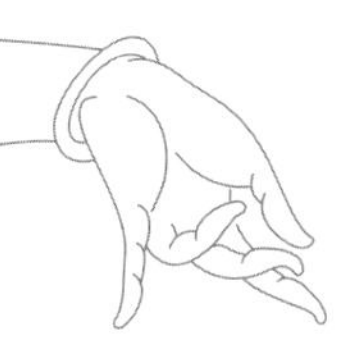

**狹劣心過[5]，遠離凡夫不修善根。以此義故，是止觀二[6]門，共相助成[7]，不相捨離。若止觀不具，則無能入菩提之道。**

**注釋：**

1 止觀俱行：即止觀一起修行。所謂止觀雙運。

2 不失不壞：是說因緣和合而生的善惡行為果報，沒有差失，不能破壞。

3 念：在這裏指分別。念性不可得：是說對因緣善惡果報的分別，本身沒有分別的自性可以執取。

4 二乘怯弱之見：指二乘修行人因恐懼大乘修行的艱難勤苦，產生的獨善其身的怯弱見解。

5 狹劣心過：指二乘修行人獨善其身、不求利益眾生之心的狹隘、低劣的過失。

6 明本注曰：「觀」下，疏本無「二」字。

7 共相助成：共同作用，相輔相成。

**譯解：**

本段主要闡明止觀雙修的內涵及其必要性。說明止觀雙修能夠對治凡夫及二乘修行人各自的偏頗。

所謂止觀雙運，即雖然念及所有事物現象生起時沒有自性，而同時又要認識到因緣和合而生的善惡行為的痛苦或快樂的果報，都沒有差失，不能破壞。或者雖然分別、認識因緣善惡果報，同時也了知這種分別、認識沒有真實的自性可以執取。

修習止，能夠糾正凡夫對世俗境界的執着，能夠放下二乘修行人獨善其身的怯弱見解。修習觀，能夠糾正二乘修行人獨善其身，不求利益眾生之心的狹隘、低劣，遠離凡夫不修善根。由此可以認識到，止與觀兩種法門，如車之二輪，鳥之雙翼，不可分離。如果止觀不能同時具足，則沒有辦法契入菩提之道。

### 第二項　念佛修行的方法

**復次，眾生初學是法[1]，欲求正信[2]，其心怯弱。以住於此娑婆世界[3]，自畏不能常值諸佛，親承供養。懼謂信心難可成就，意欲退者。當知如來有勝方便[4]，攝護信心。謂**

以專意念佛因緣，隨願得生他方佛土，常見於佛，永離惡道[5]。如修多羅說，若人專念西方極樂世界阿彌陀佛，所修善根，回向願求生彼世界，即得往生，常見佛故，終無有退。若觀彼佛真如法身，常勤修習畢竟得生，住正定[6]故。

## 注釋：

1 法：大乘佛法。

2 正信：對大乘佛法的正信。

3 娑婆世界：指我們當下生存的世界。娑婆，意為「堪忍」，意思是說，我們所處的世界充滿不堪忍受的苦難，眾生罪孽深重，佛菩薩來到我們世界教化眾生，能夠忍受（「堪忍」）這樣的艱難，體現了佛菩薩無畏的慈悲心。

4 勝方便：殊勝的方便法門。

5 惡道：指六道當中的餓鬼、畜生、地獄三惡道。

6 住正定：安住於正定聚。即證入初心住。

**譯解：**

本段說明針對怯弱眾生，如來開示的殊勝方便法門，即通過念佛往生佛土，經常見到佛，從而漸漸住於正定。

眾生初學大乘佛法，想要求得對大乘佛法的信心，但是其心怯弱。因為住在這個娑婆世界，恐怕自己不能經常在諸佛身邊，親近、承事、供養，信心難以成就，心中想要退轉。對於這樣的眾生，如來有殊勝的善巧方便，攝受護持其心。此殊勝方法就是教導他們以專心念佛的因緣，隨其願心往生他方佛土，能夠經常見到佛，永遠脫離惡道。如佛經中說，如果有人專心念西方極樂世界阿彌陀佛，將修行成就的善根，回向求生西方極樂世界，即能夠往生，經常見到阿彌陀佛，不再退失信心。如果修習時能夠觀察阿彌陀佛的真如法身，恆常精勤修習，終究能夠往生西方淨土，入初心住。

# 第六章
# 勸導修行的利益

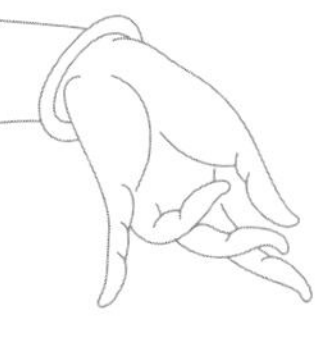

## 第一節　勸導受持此論

已說修行信心分。次說勸修利益分。

如是摩訶衍諸佛秘藏[1]，我已總說。若有眾生，欲於如來甚深境界得生正信，遠離誹謗，入大乘道，當持此論，思量修習，究竟能至無上之道。

若人聞是法已，不生怯弱，當知此人定紹佛種[2]，必為諸佛之所授記[3]。假使有人能化三千大千世界滿中眾生令行十善，不如有人於一食頃正思[4]此法，過前功德不可為喻。復次，若人受持此論觀察修行，若一日一夜，所有功德無量無邊不可得說[5]。假令十方一

切諸佛，各於無量無邊阿僧祇劫，歎其功德，亦不能盡。何以故？謂法性功德[6]無有盡故，此人功德亦復如是，無有邊際。

注釋：

1 摩訶衍：大乘。諸佛秘藏：諸佛所秘密珍藏的佛法義理。

2 紹：繼承，發揚。定紹佛種：一定能夠繼承佛的種姓。

3 授記：指佛對發菩提心修行的眾生授予將來必當成佛的證明。

4 正思：正確思維，如是思惟。

5 不可得說：無法言說。

6 法性功德：即真如法性的功德。

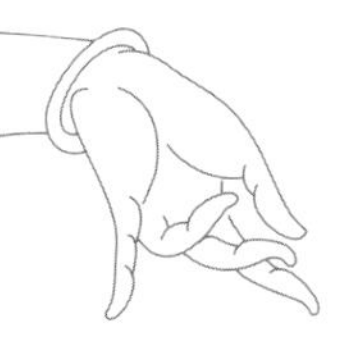

**譯解：**

本段說明受持此論的功德、利益，旨在勸人受持此論，如法修行。

上文已經闡述了修行信心的內容，接下來再闡明修行的利益。

關於大乘佛法諸佛的秘藏，上文已經做了總體論述。如果有眾生想要對如來甚深境界生起信心，遠離對大乘佛法的誹謗，契入大乘無上菩提之道，應當受持此論，思量其中意義，依照修行，能夠究竟契入無上菩提之道。

如果有人聽說此論論述的真如之法，心不怯弱，敢於承當，應當知道此人一定能夠繼承如來種姓，一定能夠為諸佛所授記。假如有人能度化三千大千世界所有眾生修行十善，不如有人一頓飯的工夫如是思惟真如之法，超過前者功德不知道多少倍。又如果有人能夠受持此論，觀察、修行一日一夜，所得功德無量無邊，無法言說。假如十方世界一切諸佛，各於無量無邊阿僧祇劫，讚歎其功德，也讚歎不盡。這是因為真如法性的功德無量無邊，因此，此人修行的功德也一樣無量無邊。

其有眾生，於此論中毀謗不信，所獲罪報，經無量劫受大苦惱。是故眾生但應仰信[1]，不應誹謗[2]，以深自害，亦害他人，斷絕一切三寶之種[3]，以一切如來皆依此法得涅槃故，一切菩薩因之修行入佛智故。

當知過去菩薩已依此法得成淨信[4]，現在菩薩今依此法得成淨信，未來菩薩當依此法得成淨信，是故眾生應勤修學。

## 注釋：

1 仰信：相對於由理解、領悟的信心而言，指因尊崇佛法而信仰。

2 明本注曰：「誹」，疏本作「毀」。

3 三寶之種：指佛法僧三寶的種子。

4 淨信：清淨的信心。

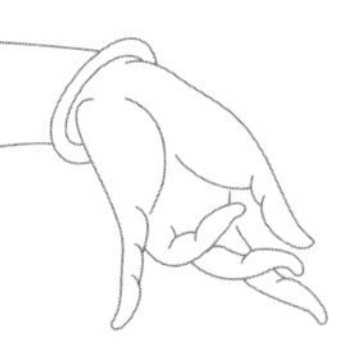

**譯解：**

本段說明毀謗此論的罪報，從反方面勸誡眾生受持此論，如法修行。

如果有眾生，對於此論中所論述的佛法義理毀謗不信，其所獲得的罪報，要經歷無量劫，遭受生死的極大苦惱。因此，眾生對於此論所論述的佛法，應當信仰，不應毀謗，以免傷害自己，也傷害他人，斷絕一切佛法僧三寶的種子。因為一切如來都是依照其中法門證得涅槃，一切菩薩都是憑藉其中法門修行，契入佛的清淨智慧。

過去菩薩已依照其中法門成就清淨信心，現在菩薩也依照其中法門成就清淨信心，未來菩薩也將依照其中法門成就清淨信心，因此，眾生聽聞此甚深法門，應當精勤修學。

## 第二節　《起信論》回向

**諸佛甚深廣大義，我今隨分[1]總持說，**

**回此功德如法性，普利一切眾生界[2]。**

**注釋：**

1 明本注曰：「分」，疏本作「順」。隨分：隨自己的能力。總持：提綱挈領地總說。

2 回：回向。回此功德如法性，普利一切眾生界：真如法性遍及一切，在這裏我也將闡述此論的功德普遍回向，希望利益一切眾生。

**譯解：**

此是回向偈：

諸佛甚深義理及廣大法門，我已經盡力做了總略闡說。

願回向此功德與法性相應，普遍利益法界一切之眾生。

# 附錄

## 一　大乘起信論（實叉難陀譯）

馬鳴菩薩造

大周于闐三藏實叉難陀奉制譯

### 第一章　歸敬頌與寫作旨趣

#### 第一節　歸敬三寶頌文

歸命盡十方，普作大饒益，

智無限自在，救護世間尊。
及彼體相海，無我句義法，
無邊德藏僧，勤求正覺者。
為欲令眾生，除疑去邪執，
起信紹佛種，故我造此論。

## 第二節 論文五大部分

論曰：為欲發起大乘淨信，斷諸眾生疑暗邪執，令佛種性相續不斷故造此論。有法能生大乘信根，是故應説。説有五分：一作因，二立義，三解釋，四修信，五利益。

## 第二章　論文寫作因緣

### 第一節　闡明論文寫作緣由

此中作因有八：一總相，為令眾生離苦得樂，不為貪求利養等故；二為顯如來根本實義，令諸眾生生正解故；三為令善根成熟眾生不退信心，於大乘法有堪任故；四為令善根微少眾生，發起信心至不退故。五為令眾生消除業障，調伏自心離三毒故；六為令眾生修正止觀，對治凡小過失心故；七為令眾生於大乘法如理思惟，得生佛前，究竟不退大乘信故；八為顯信樂大乘利益，勸諸含識令歸向故。

### 第二節　辯明論文寫作必要

此諸句義大乘經中雖已具有，然由所化根欲不同待悟緣別，是故造論。此復云何？謂如來在世所化利根，佛色心勝，一音開演無邊義味，故不須論。佛涅槃後，或有能以自力少見於經而解多義，復有能以自力廣見諸經乃生正解，或有自無智力因他廣論而得解義，亦有自無智力怖於廣說樂聞略論攝廣大義而正修行。我今為彼最後人故，略攝如來最勝甚深無邊之義，而造此論。

## 第三章 確立大乘根本義理

云何立義分？謂摩訶衍略有二種：有法及法。言有法者，謂一切眾生心，是心則攝一切世間、出世間法。依此顯示摩訶衍義。以此心真如相，即示大乘體故。此心生滅因緣相，能顯示大乘體相用故。

所言法者，略有三種：一體大，謂一切法真如在染在淨性恆平等，無增無減無別異故。二者相大，謂如來藏本來具足無量無邊性功德故。三者用大，能生一切世出世間善因果故，一切諸佛本所乘故，一切菩薩皆乘於此入佛地故。

# 第四章　大乘義理的闡釋

## 第一節　從三方面闡釋

云何解釋分？此有三種：所謂顯示實義故，對治邪執故，分別修行正道相故。

## 第二節　闡明大乘正確義理

### 第一項　一心二門概說

此中顯示實義者，依於一心有二種門：所謂心真如門、心生滅門。此二種門各攝一切法，以此展轉不相離故。

### 第二項　關於心真如門

心真如者，即是一法界大總相法門體，以心本性不生不滅相。一切諸法皆由妄念而有差別，若離妄念則無境界差別之相。是故諸法從本已來，性離語言，一切文字不能顯說，離心攀緣無有諸相，究竟平等永無變異不可破壞，唯是一心，說名真如。以真如故，從本已來不可言說不可分別，一切言說唯假非實，但隨妄念無所有故。言真如者，此亦無相。但是一切言說中極以言遣言。非其體性有少可遣，有少可立。

問曰：若如是者，眾生云何隨順悟入？答曰：若知雖說一切法而無能說所說，雖念一切法而無能念所念，爾時隨順，妄念都盡，名為悟入。

復次，真如者，依言說建立，有二種別：一真實空，究竟遠離不實之相，顯實體故；二真實不空，本性具足無邊功德有自體故。

復次，真實空者，從本已來一切染法不相應故，離一切法差別相故，無有虛妄分別心故。應知真如非有相非無相，非有無相非非有無相。非一相非異相，非一異相非非一異相。略說以一切眾生妄分別心所不能觸，故立為空。據實道理，妄念非有，空性亦空，以所遮是無，能遮亦無故。

言真實不空者，由妄念空無故，即顯真心常恆不變淨法圓滿，故名不空，亦無不空相。以非妄念心所行故，唯離念智之所證故。

## 第三項　關於心生滅門

心生滅門者，謂依如來藏有生滅心轉。不生滅與生滅和合，非一非異，名阿賴耶識。

此識有二種義：謂能攝一切法，能生一切法。復有二種義：一者覺義，二者不覺義。言覺義者，謂心第一義性離一切妄念相。離一切妄念相故，等虛空界無所不遍。法界一相，即是一切如來平等法身，依此法身，說一切如來為本覺。以待始覺，立為本覺。然始覺時，即是本覺，無別覺起立。始覺者，謂依本覺有不覺，依不覺說有始覺。

又以覺心源故名究竟覺，不覺心源故非究竟覺。如凡夫人，前念不覺，起於煩惱，後念制伏，令不更生。此雖名覺，即是不覺；如二乘人及初業菩薩，覺有念無念體相別異，以捨粗分別故，名相似覺；如法身菩薩，覺念無念皆無有相，捨中品分別故，名隨分覺；若超過菩薩地，究竟道滿足，一念相應，覺心初起，始名為覺。遠離覺相微細分別，究竟永盡，心根本性常住現前，是為如來，名究竟覺。是故經說：若有眾生，能觀一切妄念無相，則為證得如來智慧。

又言心初起者，但隨俗說，求其初相終不可得。心尚無有，何況有初？是故一切眾生不名為覺，以無始來恆有無明妄念相續未曾離故。若妄念息，即知心相生住異滅皆悉無相。以於一心前後同時，皆不相應，無自性故。如是知已，則知始覺不可得，以不異本覺故。

復次，本覺隨染分別，生二種差別相：一淨智相，二不思議用相。

淨智相者，謂依法熏習，如實修行，功行滿足，破和合識，滅轉識相，顯現法身清淨智故。一切心識相即是無明相，與本覺非一非異，非是可壞非不可壞。如海水與波，非一非異。波因風動，非水性動。若風止時，波動即滅，非水性滅。眾生亦爾，自性清淨心因無明風動起識波浪。如是三事皆無形相，非一非異。然性淨心是動識本，無明滅時，動識隨滅，智性不壞。

不思議用相者，依於淨智，能起一切勝妙境界，常無斷絕。謂如來身具足無量增上功德，隨眾生根，示現成就無量利益。

復次，覺相有四種大義，清淨如虛空明鏡。一真實空大義，如虛空明鏡，謂一切心境界相及覺相皆不可得故；二真實不空大義，如虛空明鏡，謂一切法圓滿成就無能壞性，一切世間境界之相皆於中現，不出不入，不滅不壞，常住一心，一切染法所不能染。智體具足無邊無漏功德為因，熏習一切眾生心故；三真實不空離障大義，如虛空明鏡，謂煩惱所知二障永斷，和合識滅，本性清淨常安住故；四真實不空示現大義，如虛空明鏡，謂依離障法隨所應化，現如來等種種色聲，令彼修行諸善根故。

不覺義者。謂從無始來不如實知真法一故。不覺心起而有妄念。然彼妄念自無實相。不離本覺。猶如迷人依方故迷。迷無自相不離於方。眾生亦爾。依於覺故而有不覺妄念迷生。然彼不覺自無實相。不離本覺。復待不覺以說真覺。不覺既無真覺亦遣。

復次，依於覺故而有不覺，生三種相不相捨離：一無明業相，以依不覺心動為業。覺則不動，動則有苦，果不離因故；二能見相，以依心動，能見境界。不動則無見；三境界相，以依能見，妄境相現。離見則無境。

以有虛妄境界緣故，復生六種相：一智相，謂緣境界生愛非愛心；二相續相，謂依於智，苦樂覺念相應不斷；三執着相，謂依苦樂覺念相續而生執着；四執名等相，謂依執着分別名等諸安立相；五起業相，謂依執名等，起於種種諸差別業；六業繫苦相，謂依業受苦不得自在。是故當知，一切染法悉無有相，皆因無明而生起故。

復次，覺與不覺有二種相：一同相，二異相。言同相者，如種種瓦器皆同土相，如是無漏無明種種幻用，皆同真相。是故佛說，一切眾生無始已來常入涅槃。菩提非可修相，非可生相，畢竟無得，無有色相而可得見。見色相者，當知皆是隨染幻用，非是智色不空之相，以智相不可得故。廣如彼說。

言異相者，如種種瓦器各各不同，此亦如是，無漏無明種種幻用相差別故。

復次，生滅因緣者，謂諸眾生依心意識轉。此義云何？以依阿賴耶識有無明不覺起，能見能現能取境界分別相續，說名為意。此意復有五種異名：一名業識，謂無明力不覺心動；二名轉識，謂依動心能見境相；三名現識，謂現一切諸境界相。猶如明鏡現眾色像，現識亦爾，如其五境對至即現，無有前後，不由功力；四名智識，謂分別染淨諸差別法；五名相續識，謂恆作意，相應不斷，任持過去善惡等業令無失壞，成熟現未苦樂等報使無違越，已曾經事忽然憶念，未曾經事妄生分別。

是故三界一切皆以心為自性，離心則無六塵境界。何以故？一切諸法以心為主，從妄念起。凡所分別皆分別自心，心不見心，無相可得。是故當知，一切世間境界之相，皆依眾生無明妄念而得建立，如鏡中像無體可得，唯從虛妄分別心轉。心生則種種法生，心滅則種種法滅故。言意識者，謂一切凡夫依相續識執我我所，種種妄取六種境界，亦名分離識，亦名分別事識，以依見愛等熏而增長故。

無始無明熏所起識，非諸凡夫二乘智慧之所能知，解行地菩薩始學觀察，法身菩薩能少分知，至究竟地猶未知盡，唯有如來能總明了。此義云何？以其心性本來清淨，無明力故染心相現，雖有染心，而常明潔，無有改變。復以本性無分別故，雖復遍生一切境界而無變易，以不覺一法界故不相應，無明分別起，生諸染心，如是之義甚深難測，唯佛能知，非餘所了。

此所生染心有六種別：一執相應染，聲聞緣覺及信相應地諸菩薩能遠離；二不斷相應染，信地菩薩勤修力能少分離，至淨心地永盡無餘；三分別智相應染，從具戒地乃至具慧地能少分離，至無相行地方得永盡；四現色不相應染，此色自在地之所除滅；五見心不相應染，此心自在地之所除滅；六根本業不相應染，此從菩薩究竟地入如來地之所除滅。不覺一法界者，始從信地觀察起行，至淨心地能少分離，入如來地方得永盡。

相應義者，心分別異，染淨分別異，知相緣相同；不相應義者，即心不覺常無別異，知相緣相不同。

染心者，是煩惱障，能障真如根本智故；無明者，是所知障，能障世間業自在智故。此義云何？以依染心執着無量能取所取虛妄境界，違一切法平等之性。一切法性平等寂滅無有生相，無明不覺，妄與覺違，是故於一切世間種種境界差別業用，皆悉不能如實而知。

復次，分別心生滅相者，有二種別：一粗，謂相應心；二細，謂不相應心。粗中之粗凡夫智境，粗中之細及細中之粗菩薩智境。此二種相，皆由無明熏習力起。然依因依緣。因是不覺，緣是妄境。因滅則緣滅，緣滅故相應心滅，因滅故不相應心滅。

問：若心滅者云何相續，若相續者云何言滅？

答：實然。今言滅者，但心相滅，非心體滅。如水因風而有動相，以風滅故，動相即滅，非水體滅。若水滅者，動相應斷，以無所依、無能依故。以水體不滅，動相相續。眾生亦爾，以無明力令其心動，無明滅故，動相即滅，非心體滅。若心滅者，則眾生斷。以無所依、無能依故，以心體不滅，心動相續。

復次，以四種法熏習義故，染淨法起無有斷絕：一淨法，謂真如；二染因，謂無明；三妄心，謂業識；四妄境，謂六塵。

熏習義者，如世衣服非臭非香，隨以物熏則有彼氣。真如淨法性非是染，無明熏故則有染相。無明染法實無淨業，真如熏故說有淨用。

云何熏習染法不斷？所謂依真如故而起無明為諸染因，然此無明即熏真如，既熏習已生妄念心。此妄念心復熏無明，以熏習故不覺真法，以不覺故妄境相現。以妄念心熏習力故，生於種種差別執着，造種種業，受身心等眾苦果報。

妄境熏義有二種別：一增長分別熏，二增長執取熏。妄心熏義亦二種別：一增長根本業識熏，令阿羅漢辟支佛一切菩薩受生滅苦；二增長分別事識熏，令諸凡夫受業繫苦。無明熏義亦二種別：一根本熏，成就業識義；二見愛熏，成就分別事識義。

云何熏習淨法不斷？謂以真如熏於無明，以熏習因緣力故，令妄念心厭生死苦求涅槃樂，以此妄心厭求因緣復熏真如，以熏習故，則自信己身有真如法，本性清淨，知一切境界唯心妄動，畢竟無有。以能如是，如實知故，修遠離法，起於種種諸隨順行，無所分別，無所取着，經於無量阿僧祇劫，慣習力故，無明則滅，無明滅故，心相不起，心不起故，境界相滅。如是一切染因染緣及以染果，心相都滅，名得涅槃，成就種種自在業用。

妄心熏義有二種別：一分別事識熏，令一切凡夫二乘厭生死苦，隨己堪能趣無上道；二意熏，令諸菩薩發心勇猛，速疾趣入無住涅槃。

真如熏義亦二種別：一體熏，二用熏。體熏者，所謂真如從無始來具足一切無量無漏，亦具難思勝境界用，常無間斷熏眾生心，以此力故，令諸眾生厭生死苦，求涅槃樂，自信己身有真實法，發心修行。

問：若一切眾生同有真如，等皆熏習，云何而有信不信者？從初發意乃至涅槃，前後不同無量差別，如是一切悉應齊等。

答：雖一切眾生等有真如，然無始來，無明厚薄無量差別過恆沙數，我見愛等纏縛煩惱亦復如是，唯如來智之所能知，故令信等前後差別。

又諸佛法有因有緣，因緣具足事乃成辦。如木中火性，是火正因若無人知或有雖知而不施功，欲令出火焚燒木者，無有是處。眾生亦爾，雖有真如體熏因力，若不遇佛諸菩薩等善知識緣，或雖[1]不修勝行不生智慧不斷煩惱，能得涅槃，無有是處。又復雖有善知識緣，儻內無真如熏習因力，必亦不能厭生死苦，求涅槃樂，要因緣具足，乃能如是。云何具足？謂自相續中有熏習力，諸佛菩薩慈悲攝護，乃能厭生死苦，信有涅槃，種諸善根，修習成熟。以是復值諸佛菩薩示教利喜，令修勝行，乃至成佛入於涅槃。

用熏者，即是眾生外緣之力，有無量義，略說二種：一差別緣，二平等緣。差別緣者，謂諸眾生從初發心乃至成佛，蒙佛菩薩等諸善知識，隨所應化而為現身。或為父母，或為妻子，或為眷屬，或為僕使，或為知友，或作怨家，或復示現天王等形，或以四攝，或以六度，乃至一切菩提行緣，以大悲柔軟心、廣大福智藏，熏所應化一切眾生，令其見聞及以憶念如來等形，增長善根。此緣有二，一近緣，速得菩提故；二遠緣，久遠方得故。此二差別復各二種，一增行緣，二入道緣。

平等緣者，謂一切諸佛及諸菩薩，以平等智慧、平等志願，普欲拔濟一切眾生，任運相續，常無斷絕。以此智願熏眾生故，令其憶念諸佛菩薩，或見或聞而作利益，入淨

---

1 此處疑有脫漏。或應刪除「雖」。

三昧，隨所斷障得無礙眼，於念念中一切世界平等現見無量諸佛及諸菩薩。

此體用熏復有二別：一未相應，二已相應。未相應者，謂凡夫二乘初行菩薩，以意、意識熏，唯依信力修行，未得無分別心修行，未與真如體相應故，未得自在業修行，未與真如用相應故；已相應者，謂法身菩薩得無分別心，與一切如來自體相應故，得自在業與一切如來智用相應故。唯依法力任運修行，熏習真如滅無明故。

復次，染熏習，從無始來不斷成佛乃斷。淨熏習，盡於未來，畢竟無斷。以真如法熏習故，妄心則滅，法身顯現，用熏習起故無有斷。

復次，真如自體相者，一切凡夫、聲聞、緣覺、菩薩、諸佛無有增減，非前際生，非後際滅，常恆究竟，從無始來，本性具足一切功德。謂大智慧光明義，遍照法界義，如實了知義，本性清淨心義，常樂我淨義，寂靜不變自在義。如是等過恆沙數非同非異、不思議佛法，無有斷絕，依此義故名如來藏，亦名法身。

問：上說真如離一切相，云何今說具足一切諸功德相？

答：雖實具有一切功德，然無差別相，彼一切法皆同一味一真，離分別相，無二性故。以依業識等生滅相，而立彼一切差別之相。此云何立？以一切法本來唯心，實無分別，以不覺故，分別心起，見有境界，名為無明。心性本淨，無明不起，即於真如立大智慧光明義；若心性見境，則有不見之相，心性無見則無不見，即於真如立遍照法界義；若心有動，則非真了知，非本性清淨，非常樂我淨，非寂靜，是變異不自在，由是具起過於恆沙虛妄雜染。以心性無動故，即立真實了知義，乃至過於恆沙清淨功德相義；若心有起，見有餘境可分別求，則於內法有所不足。以無邊功德即一心自性，不見有餘法而可更求，是故滿足過於恆沙非異非一、不可思議諸佛之法，無有斷絕，故說真如名如來藏，亦復名為如來法身。

復次，真如用者，謂一切諸佛在因地時發大慈悲，修行諸度、四攝等行，觀物同已，普皆救脱，盡未來際不限劫數，如實了知自他平等，而亦不取眾生之相。以如是大方便智，滅無始無明，證本法身，任運起於不思議業，種種自在差別作用，周遍法界與真如等，而亦無有用相可得。何以故？一切如來唯是法身，第一義諦，無有世諦境界作用，但隨眾生見聞等故，而有種種作用不同。

此用有二：一依分別事識，謂凡夫二乘心所見者，是名化身。此人不知轉識影現，見從外來，取色分限。然佛化身無有限量；二依業識，謂諸菩薩從初發心乃至菩薩究竟地心所見者，名受用身。身有無量色，色有無量相，相有無量好，所住依果亦具無量功德莊嚴，隨所應見，無量無邊無際無斷，非於心外如是而見。此諸功德皆因波羅蜜等無漏行熏及不思議熏之所成就，具無邊喜樂功德相故，亦名報身。

又凡夫等所見是其粗用，隨六趣異，種種差別，無有無邊功德樂相，名為化身；初行菩薩見中品用，以深信真如故得少分見，知如來身無去無來、無有斷絕，唯心影現，不離真如。然此菩薩猶未能離微細分別，以未入法身位故；淨心菩薩見微細用，如是轉勝，乃至菩薩究竟地中見之方盡。此微細用是受用身。以有業識，見受用身。若離業識，則無可見。一切如來皆是法身，無有彼此差別色相互相見故。

問：若佛法身無有種種差別色相，云何能現種種諸色？

答：以法身是色實體故，能現種種色。謂從本已來，色心無二，以色本性即心自性，說名智身；以心本性即色自性，說名法身。依於法身，一切如來所現色身，遍一切處無有間斷。十方菩薩隨所堪任隨所願樂，見無量受用身、無量莊嚴土，各各差別，不相障礙，無有斷絕。此所現色身，一切眾生心意識不能思量，以是真如自在甚深用故。

## 第四項　從生滅門入真如門

復次，為令眾生從心生滅門入真如門故，令觀色等相皆不成就。云何不成就？謂分析粗色，漸至微塵，復以方分析此微塵，是故若粗若細一切諸色，唯是妄心分別影像，實無所有。推求餘蘊漸至剎那，求此剎那相，別非一[2]無為之法，亦復如是，離於法界，終不可得。如是十方一切諸法應知悉然。猶如迷人，謂東為西，方實不轉。眾生亦爾，無明迷故，謂心為動，而實不動。若知動心，即不生滅，即得入於真如之門。

## 第三節 破除錯誤的執着

### 第一項 破除執着概說

對治邪執者，一切邪執莫不皆依我見而起，若離我見，則無邪執。我見有二種：一人我見，二法我見。

### 第二項 破除人我執

人我見者，依諸凡夫說有五種：

一者如經中說，如來法身究竟寂滅猶如虛空，凡愚聞之不解其義，則執如來性同於虛空，常恆遍有。為除彼執，明虛空相唯是分別，實不可得。有見有對待於諸色，以

---

2 此處疑有脫漏。

心分別，說名虛空，色既唯是妄心分別，當知虛空亦無有體，一切境相唯是妄心之所分別。若離妄心，即境界相滅，唯真如心無所不遍，此是如來自性如虛空義，非謂如空是常是有。

二者如經中說，一切世法皆畢竟空，乃至涅槃真如法亦畢竟空，本性如是，離一切相。凡愚聞之不解其義，即執涅槃真如法唯空無物。為除彼執，明真如法身自體不空，具足無量性功德故。

三者如經中說，如來藏具足一切諸性功德不增不減。凡愚聞已不解其義，則執如來藏有色心法自相差別。為除此執，明以真如本無染法差別，立有無邊功德相，非是染相。

四者如經中說，一切世間諸雜染法，皆依如來藏起，一切法不異真如。凡愚聞之不解其義，則謂如來藏具有一切世間染法。為除此執，明如來藏從本具有過恆沙數清淨功德，不異真如。過恆沙數煩惱染法，唯是妄有，本無自性，從無始來，未曾暫與如來藏相應。若如來藏染法相應，而令證會息妄染者，無有是處。

五者如經中說，依如來藏有生死得涅槃。凡愚聞之不知其義，則謂依如來藏生死有始，以見始故，復謂涅槃有其終盡。為除此執，明如來藏無有初際，無明依之生死無始，若言三界外更有眾生始起者，是外道經中說，非是佛教。以如來藏無有後際，證此永斷生死種子，得於涅槃亦無後際。依人我見四種見生，是故於此安立彼四。

### 第三項　破除法我執

法我見者，以二乘鈍根，世尊但為說人無我，彼人便於五蘊生滅畢竟執着，怖畏生死妄取涅槃。為除此執，明五蘊法本性不生，不生故亦無有滅，不滅故本來涅槃。

### 第四項　破除執着旨趣

若究竟離分別執着，則知一切染法、淨法皆相待立。是故當知，一切諸法從本已來，非色非心，非智非識，非無非有，畢竟皆是不可說相。而有言說示教之者，皆是如來善巧方便，假以言語引導眾生，令捨文字入於真實。若隨言執義，增妄分別，不生實智，不得涅槃。

## 第四節　闡釋發無上菩提心

### 第一項　發大菩提心概說

分別修行正道相者，謂一切如來得道正因，一切菩薩發心修習令現前故。略說發心有三種相：一信成就發心，二解行發心，三證發心。

## 第二項　關於信成就發心

信成就發心者，依何位修何行，得信成就堪能發心？當知是人依不定聚，以法熏習善根力故，深信業果，行十善道，厭生死苦，求無上覺，值遇諸佛及諸菩薩，承事供養，修行諸行，經十千劫信乃成就。從是已後，或以諸佛菩薩教力，或以大悲，或因正法將欲壞滅，以護法故而能發心。既發心已，入正定聚，畢竟不退，住佛種性，勝因相應。

或有眾生，久遠已來善根微少，煩惱深厚覆其心故，雖值諸佛及諸菩薩承事供養，唯種人天受生種子，或種二乘菩提種子，或有雖求大菩提道，然根不定，或進或退。或有值佛及諸菩薩供養承事修行諸行，未得滿足十千大劫，中間遇緣而發於心。遇何等緣？所謂或見佛形相，或供養眾僧，或二乘所教，或見他發心。此等發心皆悉未定，若遇惡緣，或時退墮二乘地故。

復次，信成就發心，略說有三：一發正直心，如理正念真如法故；二發深重心，樂集一切諸善行故；三發大悲心，願拔一切眾生苦故。

問：一切眾生一切諸法皆同一法界，無有二相，據理但應正念真如，何假復修一切善行、救一切眾生？

答：不然。如摩尼寶本性明潔，在礦穢中，假使有人勤加憶念，而不作方便，不施功力，欲求清淨，終不可得。真如之法亦復如是，體雖明潔，具足功德，而被無邊客塵所染。假使有人勤加憶念，而不作方便，不修諸行，欲求清淨，終無得理。是故要當集一切善行、救一切眾生，離彼無邊客塵垢染，顯現真法。

彼方便行略有四種：

一行根本方便。謂觀一切法本性無生，離於妄見，不住生死。又觀一切法因緣和合，業果不失，起於大悲，修諸善行，攝化眾生，不住涅槃，以真如離於生死涅槃相故。此行隨順以為根本，是名行根本方便。

二能止息方便。所謂慚愧及以悔過，此能止息一切惡法，令不增長。以真如離一切過失相故，隨順真如，止息諸惡，是名能止息方便。

三生長善根方便。謂於三寶所起愛敬心，尊重供養頂禮稱讚，隨喜勸請，正信增長，乃至志求無上菩提，為佛法僧威力所護，業障清淨，善根不退。以真如離一切障、具一切功德故，隨順真如修行善業，是名生長善根方便。

四大願平等方便。謂發誓願盡未來際，平等救拔一切眾生，令其安住無餘涅槃。以知一切法本性無二故，彼此平等故，究竟寂滅故，隨順真如此三種相發大誓願，是名大願平等方便。

菩薩如是發心之時，則得少分見佛法身，能隨願力現八種事：謂從兜率天宮來下、入胎、住胎、出胎、出家、成佛、轉法輪、般涅槃，然猶未得名為法身，以其過去無量世來有漏之業未除斷故，或由惡業受於微苦，願力所持非久被系。

有經中說，信成就發心菩薩，或有退墮惡趣中者，此為初學心多懈怠，不入正位，以此語之，令增勇猛，非如實說。又此菩薩一發心後，自利利他，修諸苦行，心無怯弱，尚不畏墮二乘之地，況於惡道。若聞無量阿僧祇劫勤修種種難行、苦行，方始得佛，不驚不怖，何況有起二乘之心及墮惡趣。以決定信一切諸法從本已來性涅槃故。

## 第三項　關於解行發心

解行發心者，當知轉勝，初無數劫將欲滿故，於真如中得深解故，修一切行皆無著故。此菩薩知法性離慳貪相是清淨施度，隨順修行檀那波羅蜜；知法性離五欲境無破戒相是清淨戒度，隨順修行尸羅波羅蜜；知法性無有苦惱離瞋害相是清淨忍度，隨順修行羼提波羅蜜；知法性離身心相無有懈怠是清淨進度，隨順修行毗梨耶波羅蜜；知法性無動無亂是清淨禪度，隨順修行禪那波羅蜜；知法性離諸癡闇是清淨慧度，隨順修行般若波羅蜜。

## 第四項　關於證發心

證發心者，從淨心地乃至菩薩究竟地證何境界？所謂真如。以依轉識說為境界，而實證中無境界相。此菩薩以無分別智，證離言說真如法身故，能於一念遍往十方一切世界，供養諸佛請轉法輪，唯為眾生而作利益，不求聽受美妙音詞；或為怯弱眾生故示大精進，超無量劫速成正覺；或為懈怠眾生故，經於無量阿僧祇劫，久修苦行方始成佛。如是示現無數方便，皆為饒益一切眾生。而實菩薩種性、諸根、發心、作證，皆悉同等，無超過法，決定皆經三無數劫成正覺故，但隨眾生世界不同，所見所聞根欲性異，示所修行種種差別。

此證發心中有三種心：一真心，無有分別故；二方便心，任運利他故；三業識心，微細起滅故。

又此菩薩福德智慧二種莊嚴悉圓滿已，於色究竟得一切世間最尊勝身。以一念相應慧，頓拔無明根，具一切種智，任運而有不思議業，於十方無量世界普化眾生。

問：虛空無邊故世界無邊，世界無邊故眾生無邊，眾生無邊故心行差別亦復無邊，如是境界無有齊限難知難解。若無明斷永無心相，云何能了一切種，成一切種智？

答：一切妄境從本已來，理實唯一心為性，一切眾生執着妄境，不能得知一切諸法第一義性。諸佛如來無有執着，則能現見諸法實性，而有大智顯照一切染淨差別，以無量無邊善巧方便，隨其所應，利樂眾生，是故妄念心滅，了一切種，成一切種智。

問：若諸佛有無邊方便，能於十方任運利益諸眾生者，何故眾生不常見佛，或睹神變，或聞説法？

答：如來實有如是方便，但要待眾生其心清淨，乃為現身。如鏡有垢，色像不現，垢除則現。眾生亦爾，心未離垢，法身不現，離垢則現。

# 第五章　修行信心的內涵及方法

## 第一節　修行信心概說

云何修習信分？此依未入正定眾生說何者為信心，云何而修習。

## 第二節　修行信心的內涵

信有四種：一信根本，謂樂念真如法故；二信佛具足無邊功德，謂常樂頂禮恭敬供養，聽聞正法，如法修行，回向一切智故；三信法有大利益，謂常樂修行諸波羅蜜故；四信正行僧，謂常供養諸菩薩眾正修自利利他行故。

## 第三節　修行信心的方法

### 第一項　五門修行的方法

修五門行，能成此信。所謂施門、戒門、忍門、精進門、止觀門。

云何修施門？謂若見眾生來從乞求，以己資財隨力施與，捨自慳著令其歡喜。若見眾生危難逼迫，方便救濟令無怖畏。若有眾生而來求法，以己所解隨宜為說。修行如是三種施時，不為名聞，不求利養，亦不貪着世間果報，但念自他利益安樂，回向阿耨多羅三藐三菩提。

云何修戒門？所謂在家菩薩當離殺生、偷盜、邪淫、妄言、兩舌、惡口、綺語、慳貪、瞋嫉、諂誑、邪見。若出家者為欲折伏諸煩惱故，應離憒鬧，常依寂靜，修習止足頭陀等行，乃至小罪，心生大怖慚愧悔責，護持如來所制禁戒，不令見者有所譏嫌，能使眾生捨惡修善。

云何修忍門？所謂見惡不嫌、遭苦不動、常樂觀察甚深句義。

云何修精進門？所謂修諸善行心不懈退，當念過去無數劫來，為求世間貪欲境界，虛受一切身心大苦，畢竟無有少分滋味，為令未來遠離此苦，應勤精進不生懈怠，大悲利益一切眾生。

其初學菩薩雖修行信心，以先世來多有重罪惡業障故，或為魔邪所惱，或為世務所纏，或為種種病緣之所逼迫，如是等事為難非一，令其行人廢修善品，是故宜應勇猛精進，晝夜六時禮拜諸佛，供養讚歎懺悔勸請，隨喜回向無上菩提，發大誓願無有休息，令惡障銷滅，善根增長。

云何修止觀門？謂息滅一切戲論、境界是止義，明見因果生滅之相是觀義。初各別修，漸次增長，至於成就任運雙行。

其修止者，住寂靜處，結加趺坐，端身正意，不依氣息，不依形色，不依虛空，不依地水火風，乃至不依見聞覺知，一切分別想念皆除，亦遣除想。以一切法不生不滅皆無相故。前心依境次捨於境，後念依心復捨於心，以心馳外境攝住內心，後復起心不取心相，以離真如不可得故。行住坐臥於一切時如是修行恆不斷絕，漸次得入真如三昧，究竟折伏一切煩惱，信心增長速成不退。若心懷疑惑誹謗不信，業障所纏我慢懈怠，如是等人所不能入。

復次，依此三昧證法界相，知一切如來法身與一切眾生身平等無二皆是一相，是故說名一相三昧。若修習此三昧，能生無量三昧，以真如是一切三昧根本處故。

或有眾生善根微少，為諸魔外道鬼神惑亂，或現惡形以怖其心，或示美色以迷其意，或現天形或菩薩形，乃至佛形相好莊嚴；或說總持，或說諸度，或復演說諸解脫門，無怨無親，無因無果，一切諸法畢竟空寂，本性涅槃；或復令知過去未來及他心事，辯才演說無滯無斷，使其貪著名譽利養；或數瞋數喜，或多悲多愛，或恆樂昏寐，或久不睡眠，或身嬰疹疾；或性不勤策，或卒起精進即便休廢；或情多疑惑不生信受，或捨本勝行更修雜業，愛着世事溺情從好；或令證得外道諸定，一日二日乃至七日，住於定中得好飲食，身心適悅不饑不渴，或復勸令受女等色；或令其飲食乍少乍多，或使其形容或好或醜。若為諸見煩惱所亂，即便退失往昔善根，是故宜應審諦觀察。當作是念，此皆以我善根微薄，業障厚重，為魔鬼等之所迷惑。如是知已，念彼一切皆唯是心，如是思惟，刹那即滅，遠離諸相入真三昧。心相既離，真相亦盡。從於定起，諸見煩惱皆不現行。

以三昧力壞其種故，殊勝善品隨順相續，一切障難悉皆遠離，起大精進恆無斷絕。若不修行此三昧者，無有得入如來種性。以餘三昧皆是有相，與外道共，不得值遇佛菩薩故，是故菩薩於此三昧當勤修習，令成就究竟。

修此三昧，現身即得十種利益：一者常為十方諸佛菩薩之所護念；二者不為一切諸魔惡鬼之所惱亂；三者不為一切邪道所惑；四者令誹謗深法重罪業障皆悉微薄；五者滅一切疑諸惡覺觀；六者於如來境界信得增長；七者遠離憂悔，於生死中勇猛不怯；八者遠離憍慢，柔和忍辱，常為一切世間所敬；九者設不住定於一切時，一切境中煩惱種薄，終不現起；十者若住於定，不為一切音聲等緣之所動亂。

復次，若唯修止，心則沉沒或生懈怠，不樂眾善，遠離大悲，是故宜應兼修於觀。

云何修耶？謂當觀世間一切諸法生滅不停，以無常故苦，苦故無我；應觀過去法如夢，現在法如電，未來法如雲，忽爾而起；應觀有身悉皆不淨，諸蟲穢污煩惱和雜；觀諸凡愚所見諸法，於無物中妄計為有；觀察一切從緣生法，皆如幻等畢竟無實；觀第一義諦非心所行，不可譬喻不可言說；觀一切眾生，從無始來皆因無明熏習力故，受於無量身心大苦，現在未來亦復如是，無邊無限，難出難度，常在其中不能覺察，甚為可愍。如是觀已，生決定智，起廣大悲，發大勇猛，立大誓願，願令我心離諸顛倒，斷諸分別，親近一切諸佛菩薩，頂禮供養恭敬讚歎，聽聞正法，如說修行，盡未來際，無有休息，以無量方便，拔濟一切苦海眾生，令住涅槃第一義樂。作是願已，於一切時，隨己堪能修行自利利他之行，行住坐臥，常勤觀察應作不應作，是名修觀。

復次若唯修觀，則心不止息，多生疑惑，不隨順第一義諦，不出生無分別智，是故止觀應並修行。謂雖念一切法皆無自性，不生不滅，本來寂滅，自性涅槃，而亦即見因緣和合，善惡業報，不失不壞；雖念因緣善惡業報，而亦即見一切諸法無生無性，乃至涅槃。然修行止者，對治凡夫樂着生死，亦治二乘執着生死而生怖畏；修行觀者，對治凡夫不修善根，亦治二乘不起大悲狹劣心過。是故止觀互相助成，不相捨離。若止觀不具，必不能得無上菩提。

### 第二項　念佛修行的方法

復次，初學菩薩住此娑婆世界，或值寒熱風雨不時饑饉等苦，或見不善可畏眾生，三毒所纏，邪見顛倒，棄背善道，習行惡法，菩薩在中心生怯弱，恐不可值遇諸佛菩薩，恐不能成就清淨信心，生疑欲退者，應作是念：十方所有諸佛菩薩，皆得大神通無有障礙，能以種種善巧方便，救拔一切險厄眾生。作是念已，發大誓願，一心專念佛及菩薩。以生如是決定心故，於此命終必得往生餘佛剎中，見佛菩薩，信心成就，永離惡趣。如經中說：若善男子善女人，專念西方極樂世界阿彌陀佛，以諸善根回向願生，決定得生，常見彼佛，信心增長，永不退轉，於彼聞法，觀佛法身，漸次修行得入正位。

## 第六章　勸導修行利益

### 第一節　勸導受持此論

云何利益分？如是大乘秘密句義今已略說。若有眾生，欲於如來甚深境界廣大法中生淨信覺解心，入大乘道無有障礙，於此略論當勤聽受，思惟修習，當知是人決定速成一切種智。若聞此法不生驚怖，當知此人定紹佛種，速得授記。假使有人化三千大千世界眾生，令住十善道，不如於須臾頃正思此法，過前功德無量無邊。若一日一夜如說修行，所生功德無量無邊，不可稱說，假令十方一切諸佛，各於無量阿僧祇劫，說不能盡。以真如功德無邊際故，修行功德亦復無邊。

若於此法生誹謗者，獲無量罪，於阿僧祇劫受大苦惱。是故於此應決定信，勿生誹謗，自害害他，斷三寶種，一切諸佛依此修行成無上智，一切菩薩由此證得如來法身。過去菩薩依此得成大乘淨信，現在今成，未來當成。是故欲成自利利他殊勝行者，當於此論勤加修學。

## 第二節 《起信論》回向

我今已解釋，甚深廣大義。
功德施群生，令見真如法。

# 二　馬鳴菩薩傳（鳩摩羅什譯）

後秦三藏鳩摩羅什譯

有大師名馬鳴菩薩，長老脅弟子也。時長老脅勤憂佛法，入三昧觀誰堪出家廣宣道化，開悟眾生者？見中天竺有出家外道，世智聰辯，善通論議。唱言若諸比丘，能與我論議者，可打揵椎。如其不能，不足公鳴揵椎受人供養。

時長老脅始從北天竺欲至中國，城名釋迦，路逢諸沙彌，皆共戲之。大德長老與我富羅提，即有持去者，種種嬈之，輒不以理。長老脅顏無異容，恬然不忤。諸沙彌中廣學問者，覺其遠大，疑非常人。試問其人，觀察所為，隨問盡答，而行不輟足，意色深遠，不存近細。時諸沙彌具觀長老德量沖邃，知不可測，倍加恭敬，咸共侍送。

於是長老脅即以神力乘虛而逝到中天竺。在一寺住，問諸比丘：何不依法鳴揵椎耶？諸比丘言：長老摩訶羅，有以故不打也。問言：何故？答言：有出家外道善能論議，唱令國中諸釋子沙門眾，若其不能與我論議者，不得公鳴犍椎受人供養。以有此言是故不打。長老脅言：但鳴犍椎，設彼來者，吾自對之。諸舊比丘深奇其言，而疑不能辯。集共議言，且鳴犍椎。外道若來，當令長老任其所為。即鳴犍椎。外道即問：今日何故打此木耶？答言：北方有長老沙門，來鳴犍椎，非我等也。外道言：可令其來。即出相見。外道問言：欲論議耶？答言：然。外道即形笑言：此長老比丘形貌既爾。又言：不出常人，如何乃欲與吾論議？即共要言，卻後七日，當集國王大臣、沙門外道、諸大法師於此論也。

至六日夜，長老脅入於三昧觀其所應。七日明旦大眾雲集，長老脅先至，即升高座，顏色怡懌，倍於常日。外道後來，當前而坐。占視沙門容貌和悦，志意安泰，又復舉體備有論相。便念言，將無非是聖比丘耶？志安且悦，又備論相，今日將成佳論議也。便共立要若墮負者，當以何罪？外道言：若負者當斷其舌。長老脅言：此不可也，但作弟子，足以允約。答言：可爾。又問誰應先語。長老脅言：吾既年邁故從遠來，又先在此坐，理應先語。外道言：亦可爾耳。現汝所說，吾盡當破。長老脅即言：當令天下泰平，大王長壽，國土豐樂，無諸災患。外道默然，不知所言。論法無對，即墮負處。伏為弟子，剃除須發。度為沙彌，受具足戒。

獨坐一處，心自惟曰：吾才明遠識聲震天下，如何一言致屈，便為人弟子？念已不悦。師知其心，即命入房，為現神足種種變化。知師非恆、心乃悦伏。念曰吾為弟子固其宜矣。師語言，汝才明不易，真未成耳。設學吾所得法，根力覺道，辯才深達，明審義趣者，將天下無對也。師還本國，弟子住中天竺，博通眾經，明達內外，才辯蓋世，四輩敬伏，天竺國王甚珍遇之。

其後北天竺小月氏國王伐於中國，圍守經時。中天竺王遣信問言：若有所求，當相給與。何足苦困人民久住此耶？答言：汝意伏者，送三億金，當相赦耳。王言：舉此一國無一億金，如何三億而可得耶？答言：汝國內有二大寶，一佛缽，二辯才比丘。以此與我，足當二億金也。王言：此二寶者，吾甚重之，不能捨也。於是比丘為王說法。其辭曰：夫含情受化者，天下莫二也。佛道淵弘，義存兼救。大人之德，亦以濟物為上，世教多難，故王化一國而已，今弘宣佛道，自可為四海法王也。比丘度人，義不容異，功德在心，理無遠近。宜存遠大，何必在目前而已？王素宗重，敬用其言，即以與之，月氏王便還本國。

諸臣議曰：王奉佛缽，固其宜矣。夫比丘者天下皆是，當一億金，無乃太過。王審知比丘高明勝達，導利弘深，辯才說法，乃感非人類。將欲悟諸群惑，餓七匹馬至於六日旦，普集內外沙門異學，請比丘說法。諸有聽者，莫不開悟。王系此馬於眾會前，以草與之（馬嗜浮流，故以浮流草與之也），馬垂淚聽法，無念食想，於是天下乃知非恆。以馬解其音故，遂號為馬鳴菩薩。於北天竺廣宣佛法，導利群生，善能方便，成人功德，四輩敬重，復咸稱為功德日。

# 三　付法藏因緣傳（摘錄）

元魏西域三藏吉迦夜共曇曜譯

彼脅比丘垂當滅度，告一比丘名富那奢：長老當知，佛法微妙有大功德，是故諸聖頂戴奉持。我受付囑守護斯法，今欲涅槃，用累於汝，汝宜至心擁護受持。時富那奢答曰：唯然。於是演暢微妙勝法，其所化度無量眾生。後於一時在閑林下，結跏趺坐，寂然思惟。

有一大士名曰馬鳴，智慧淵鑒，超識絕倫，有所難問，靡不摧伏，譬如猛風吹拔朽木。起大憍慢，草芥群生，計實有我，甚自貢高。聞有尊者名富那奢，智慧深邃，多聞博達，言諸法空，無我無人，懷輕慢心，往詣其所，而作是言：一切世間所有言論，我能毀壞，如雹摧草，此言若虛，而不誠實，要當斬舌以謝其屈。富那奢言：佛法之中凡有二諦，若就世諦假名為我，第一義諦皆悉空寂。如是推求，我何可得？爾時馬鳴心未調伏，自恃機慧，猶謂己勝。富那語曰：汝諦思惟，無出虛語，我今與汝定為誰勝。於是馬鳴即作是念，世諦假名，定為非實；第一義諦，性復空寂。如斯二諦，皆不可得。既無所有，云何可壞？我於今者定不及彼。便欲斬舌以謝其屈。富那語言：我法仁慈，不斷汝舌。宜當剃發，為吾弟子。

爾時尊者度令出家，心猶愧恨，欲捨身命。時富那奢得羅漢道，入定觀察，知其心念。尊者有經，先在暗室，尋令馬鳴往彼取之。白言：大師，此室暗冥，云何可往？告日但去，當令汝見。爾時尊者即以神力，遙申右手徹入屋內，五指放光，其明照曜，室中所有，皆悉顯現。爾時馬鳴心疑是幻，凡幻之法，知之則滅，而此光明，轉更熾盛。盡其技術，欲滅此光，為之既疲，了無異相，知師所為，即便摧伏，勤修苦行，更不退轉。如是尊者以善方便度諸眾生，所應作已，入於涅槃，四眾感戀，起塔供養。

昔富那奢臨涅槃時，以法付囑弟子馬鳴。而告之曰：譬如暗室燃大明炬，所有諸物皆悉照了。法之明燈亦復如是，流佈世間能滅癡暗。是故如來演斯正法，普令一切皆悉修行，諸賢聖人常加守護，共相委囑乃至於我。我以勝眼持用付汝，汝當於後至心受持，令未來世普得饒益。馬鳴敬諾，當受尊教。

於是頒宣深奧法藏，建大法幢摧滅邪見，於華氏城遊行教化，欲度彼城諸眾生故，作妙伎樂名《賴吒啝羅》，其音清雅，哀婉調暢，宣說苦空無我之法。所謂有為如幻如化，三界獄縛無一可樂，王位高顯勢力自在，無常既至誰得存者？如空中雲須臾散滅，是身虛偽猶如芭蕉，為怨為賊不可親近，如毒蛇篋誰當愛樂？是故諸佛常呵此身。如是廣說空無我義，令作樂者演暢斯音。時諸伎人不能解了，曲調音節皆悉乖錯。爾時馬鳴着白?衣入眾伎中，自擊鐘鼓調和琴瑟，音節哀雅曲調成就，演宣諸法苦空無我。時此城中五百王子，同時開悟，厭惡五欲，出家為道。時華氏王恐其民人聞此樂音，捨離家法，國土空曠，王業廢壞，即便宣令其土人民，自今勿復更作此樂。

彼華氏城凡九億人。月支國王威德熾盛，名曰栴檀罽昵吒王，志氣雄猛勇健超世，所可討伐無不摧靡，即嚴四兵向此國土，共相攻戰然後歸伏，即便從索九億金錢。時彼國王即以馬鳴及與佛鉢、一慈心雞，各當三億，持用奉獻罽昵吒王。馬鳴菩薩智慧殊勝，佛鉢功德如來所持，雞有慈心不飲蟲水，悉能消滅一切怨敵，以斯緣故當九億錢。王大歡喜為納受之，即回兵眾還歸本國。

……爾時有一羅漢比丘，見罽昵吒造斯惡業，欲令彼王恐怖悔過，即以神力示其地獄，所謂斫刺劍輪解形，悲叫哀號苦痛難忍。王見是已，極大惶怖，心自念曰：我甚愚癡造此罪業，未來必受若斯之苦，若吾先知如是惡報，正使我身支節分解，終不起心加害怨賊，況於善人生一念惡。爾時馬鳴即語王言：王能至心聽我説法，隨順吾教，頂戴受持，令王此罪不入地獄。罽昵吒言：善哉受教。於是馬鳴廣為彼王説清淨法，令其重罪漸得微薄。……如是馬鳴以大行願，演甘露味，為罽昵吒王興大饒益，其所度脱無量億人。所應作已，便捨命行，集其捨利，起塔供養。馬鳴菩薩臨欲捨命，告一比丘名曰比羅：長老當知，佛法純淨，能除煩惱垢，汝宜於後流佈供養。比羅答言：善哉受教。

# 四 真諦傳（《續高僧傳》）

大唐西明寺沙門釋道宣撰

拘那羅陀，陳言親依，或云波羅末陀，譯云真諦，並梵文之名字也。本西天竺優禪尼國人焉，景行澄明，器宇清肅，風神爽拔，悠然自遠。群藏廣部罔不厝懷，藝術異能偏素諳練。雖遵融佛理，而以通道知名。遠涉艱關，無憚夷險，歷遊諸國，隨機利見。

梁武皇帝德加四域，盛唱三寶。大同中，勅直後張氾等，送扶南獻使返國，仍請名德三藏、大乘諸論、《雜華經》等。真諦遠聞行化，儀軌聖賢，搜選名匠，惠益民品。彼國乃屈真諦並齎經論，恭膺帝旨。既素蓄在心，渙然聞命。以大同十二年八月十五日達於南海，沿路所經，乃停兩載。以太清二年閏八月，始屆京邑。武皇面申頂禮，於寶雲殿竭誠供養。諦欲傳翻經教，不羨秦時，更出新文，有逾齊日。

屬道銷梁季，寇羯憑陵，法為時崩，不果宣述，乃步入東土，又往富春，令陸元哲創奉問津，將事傳譯。招延英秀，沙門寶瓊等二十餘人，翻《十七地論》。適得五卷，而國難未靜，側附通傳。至天保三年，為侯景請，還在台供養。於斯時也，兵饑相接，法幾頹焉。會元帝啟祚，承聖清夷，乃止於金陵正觀寺，與願禪師等二十餘人，翻《金光明經》。三年二月，還返豫章，又往新吳始興。後隋蕭太保度嶺至於南康，並隨方翻譯，棲遑靡托。逮陳武永定二年七月，還返豫章，又止臨川晉安諸郡。

真諦雖傳經論，道缺情離，本意不申，更觀機壤，遂欲泛舶往楞伽修國。道俗虔請，結誓留之，不免物議，遂停南越，便與前梁舊齒，重覆所翻，其有文旨乖競者，皆鎔冶成範，始末倫通。

至文帝天嘉四年，揚都建元寺沙門僧宗、法準、僧忍律師等，並建業標領，欽聞新教，故使遠浮江表，親承勞問。諦欣其來意，乃為翻《攝大乘》等論，首尾兩載，覆疎宗旨。而飄寓投委，無心寧寄，又泛小舶至梁安郡，更裝大舶欲返西國，學徒追逐，相續留連。太守王方奢述眾元情，重申邀請。諦又且修人事，權止海隅，伺旅束裝，未思安堵。至三年九月，發自梁安，泛舶西引，業風賦命，飄還廣州。

十二月中上南海岸，刺史歐陽穆公頠，延住制旨寺，請翻新文。諦顧此業緣，西還無措，乃對沙門慧愷等，翻《廣義法門經》及《唯識論》等。後穆公薨沒，世子紇重為檀越，開傳經論，時又許焉。而神思幽通，量非情測。嘗居別所，四絕水洲。紇往造之，嶺峻濤湧，未敢淩犯。諦乃鋪舒坐具，在於水上，加坐其內，如乘舟焉，浮波達岸。既登接對，而坐具不濕，依常敷置。有時或以荷葉，搨水乘之而度，如斯神異，其例甚眾。

至光太二年六月，諦厭世浮雜，情弊形骸，未若佩理資神，早生勝壤，遂入南海北山將捐身命。時智愷正講《俱捨》，聞告馳往，道俗奔赴，相繼山川。刺史又遣使人，伺衛防遏，躬自稽顙，致留三日，方紆本情，因爾迎還，止於王園寺。時宗愷諸僧，欲延還建業。會楊輦碩望，恐奪時榮，乃奏曰：嶺表所譯眾部，多明無塵唯識，言乖治術，有蔽國風，不隸諸華，可流荒服。帝然之。故南海新文有藏陳世。

以太建元年遘疾，少時遺訣，嚴正勖示因果，書傳累紙，其文付弟子智休。至正月十一日午時遷化，時年七十有一。明日於潮亭焚身起塔，十三日僧宗、法準等，各賫經論還返匡山。

自諦來東夏，雖廣出眾經，偏宗《攝論》。故討尋教旨者，通覽所譯，則彼此相發，綺績輔顯。故隨處翻傳，親注疏解，依心勝相，後疏並是僧宗所陳，躬對本師，重為釋旨，增減或異，大義無虧。宗公別著行狀，廣行於世。

且諦之梁，時逢喪亂，感竭運終，道津靜濟，流離弘化，隨方卷行。至於部帙或分，譯人時別。今總歷二代，共通數之，故始梁武之末，至陳宣即位，凡二十三載，所出經論、記傳六十四部，合二百七十八卷。微附華飾，盛顯隋唐，見曹毘別，歷及唐貞觀《內典錄》。餘有未譯梵本書並多羅樹葉，凡有二百四十甲，若依陳紙翻之，則列二萬餘卷，今見譯訖，止是數甲之文，並在廣州制旨、王園兩寺。是知法寶弘博，定在中天。識量玼瑣，誠歸東夏。何以明之？見譯藏經減三千卷，生便棄擲，習學全希，用此量情，情可知矣。

初諦傳度《攝論》，宗愷歸心，窮括教源，銓題義旨。遊心既久，懷敞相承。諦又面對闡揚，情理無伏。一日氣屬嚴冬，衣服單疏，忍噤通霄，門人側席。愷等終夜靜立奉侍，咨詢言久情誼，有時眠寐，愷密以衣被覆之。諦潛覺知，便曳之於地，其節儉知足如此。愷如先奉侍，逾久逾親。諦以他日便喟然憤氣衝口者三，愷問其故。答曰：君等款誠，正法實副參傳，但恨弘法非時，有阻來意耳。愷聞之如噎，良久聲淚俱發。跪而啟曰：大法絕塵，遠通赤縣。群生無感可遂埋耶？諦以手指西北曰：此方有大國，非近非遠，吾等沒後，當盛弘之。但不睹其興，以為太息耳。

# 五　大乘起信論序

揚州僧智愷作

夫《起信論》者，乃是至極大乘甚深秘典，開示如理緣起之義。其旨淵弘寂而無相，其用廣大寬廓無邊，與凡聖為依，眾法之本。以其文深旨遠，信者至微。故於如來滅後六百餘年，諸道亂興、魔邪競扇，於佛正法毀謗不停。時有一高德沙門，名曰馬鳴，深契大乘窮盡法性，大悲內融隨機應現，湣物長迷故作斯論，盛隆三寶重興佛日，起信未久回邪入正，使大乘正典復顯於時，緣起深理更彰於後代，迷群異見者捨執而歸依，暗類偏情之黨棄着而臻湊。

自昔已來久蘊西域，無傳東夏者。良以宣譯有時，故前梁武皇帝，遣聘中天竺摩伽陀國取經，並諸法師，遇值三藏拘蘭難陀，譯名真諦，其人少小博采，備覽諸經，然於大乘偏洞深遠。時彼國王應即移遣，法師苦辭不免，便就泛舟，與瞿曇及多侍從，並送蘇合佛像來朝。而至未旬，便值侯景侵擾，法師秀采擁流，含珠未吐，慧日暫停，而欲還反，遂囑值京邑英賢慧顯、智韶、智愷、曇振、慧旻，與假黃鉞大將軍太保蕭公勃，以大梁承聖三年歲次癸酉九月十日，於衡州始興郡建興寺，敬請法師敷演大乘，闡揚秘典示導迷徒，遂翻譯斯論一卷，以明論旨，玄文二十卷，《大品》玄文四卷，《十二因緣經》兩卷，《九識義章》兩卷。傳語人天竺國月支首那等，執筆人智愷等，首尾二年方訖。馬鳴沖旨更曜於時，邪見之流伏從正化。

餘雖慨不見聖，慶遇玄旨，美其幽宗，戀愛無已。不揆無聞，聊由題記。儻遇智者，賜垂改作。

# 六　新譯大乘起信論序

未詳作者

夫聲同則應，道合自鄰，是以法雄命宗賴宣揚乎法子，素王垂範假傳述乎素臣。蓋德必不孤，聖無虛應矣。

《起信論》者，大乘之秘典也。佛滅度後五百餘年，有馬鳴菩薩出興於世，時稱四日，道王五天，轉不退輪，建無生忍。銘總持之智印，宅畢竟之真空。受波奢付囑，蒙釋尊遠記，善說法要，大啟迷津。欲使群生殖不壞之信根，下難思之佛種，故造斯論。

其為論也，示無價寶，詮最上乘。演恆沙之法門惟在方寸，開諸佛之秘藏本自一心。遣執而不喪其真，存修而亦忘其相。少文而攝多義，假名而會深旨。落落焉皎智月於淨天，滔滔焉注禪河於性海。返迷歸極，莫不由之。

此論東傳總經二譯，初本即西印度三藏法師波羅末陀，此雲真諦，以梁武帝承聖三年歲次癸酉九月十日，於衡州始興郡建興寺，共揚州沙門智愷所譯。此本即于闐國三藏法師實叉難陀，齎梵文至此，又於西京慈恩塔內，獲舊梵本，與義學沙門荊州弘景崇福法藏等，以大周聖歷三年歲次癸亥十月壬午朔八日己醜，於授記寺，與《華嚴經》相次而譯，沙門復禮筆受，開為兩卷。然與舊翻時有出沒。蓋譯者之意，又梵文非一也。

夫理幽則信難，道尊則魔盛。況當劫濁，尤更倍增。故使偏見之流，執《成唯識》，誹毀此論真妄互熏。既形於言遂彰時聽，方等甘露翻為毒藥。故經雲：唯佛與佛乃能究盡諸法實相，豈可輒以凡心貶量聖旨。

夫真如者，物之性也，備難思之業用，蘊不空之勝德，內熏妄法令起厭求。故《勝鬘經》雲：由有如來藏，令厭生死苦樂求涅槃。又經雲：闡提之人，未來以佛性力故，善根還生。如彼淨珠能清濁水。是勝義之常善，異太虛之無記。故經雲：佛性常故，非三世攝；虛空無故，非三世攝。豈執事空以齊真理。

夫論妄者，依理故迷真性，隨流為妄漂動。故經雲：隨其流處有種種味。又《楞伽經》雲：如來藏為無始虛偽惡習所熏，名為識藏。《密嚴經》雲：佛說如來藏，以為阿賴耶。惡慧不能知。藏即賴耶識，雖在纏而體淨，不變性而成迷。故經雲：然藥真味，停留在山，猶如滿月。又雲：雖處五道受別異身，而此佛性常恆不變。若言真不熏妄妄不熏真，真妄兩殊豈會中道。故梁《攝論》雲：智慧極盲暗，謂真俗別執。今則真為妄體，妄假真成，性相俱融，一異雙遣。故《密嚴經》雲：如來清淨藏，世間阿賴耶。如金與指環，展轉無差別。聖教明白，何所致疑？良由滯相而乖真，尋末而棄本。言越規矩動成戲論，自貽聖責深可悲哉！

餘少小以來，專心斯論，翫味不已，諷誦忘疲。課拙傳揚二十餘遍，雖未究深旨，而粗識文意。以為大乘明鏡，莫過於此。幸希宗心之士，時覽斯文，庶日進有功。聊為序引雲爾。

# 七 主要術語梵文對照

《大乘起信論》Mahāyāna-śraddhotpāda-śāstra

《摩訶摩耶經》Mahāmāyā-sūtra

《賴吒啝羅》Raṣṭrapāla

《佛本行詩》Buddhacarita

《大毗婆沙論》Abhidharma-mahāvibhāṣā-śāstra

《十七地論》Yogācārabhūmi-śāstra

《中論》Mūla-madhyamaka-kārikā

《如實論》Tarka-śāstra

《金光明經》Suvarṇaprabhāsa-sūtra

《彌勒下生經》Maitreyavyākaraṇa- sūtra

《仁王般若經》Karunika-rāja-Prajñā-pāramitā sūtra

《中邊分別論》Madhyānta-vibhāga-ṭīkā

《大乘唯識論》Viṃśatikā vijñapti-mātratā-siddhi

《俱捨論》Abhidharma-kośa-bhāṣya

《華嚴經》Mahāvaipulya-buddhāvataṃsaka-sūtra

《大乘入楞伽經》Lankāvatāra-sūtra

馬鳴菩薩 Aśvaghoṣa

真諦 Paramātha

實叉難陀 Śikṣānanda

世親菩薩 Vasubandhu
脅尊者 Pārśva
富那奢 Puṇyayaśas
迦膩色迦王 Kaniṣk
鳩摩羅什 Kumārajīva
優禪尼國 Ujjain
無著 Asaṅga
實叉難陀 Śikṣānanda
菩提流支 Bodhiruci
大乘 Mahāyāna
小乘 Hīnayāna
阿羅漢 Arhant
佈施 Dāna
持戒 śīla
忍辱 kṣānti

精進 vīrya
禪定 dhyāna
智慧 prajñā
法性 dharmata
菩薩 Bodhisattva
佛種 buddha-vaṃśa
摩訶衍 Mahāyāna
根 indriya
因緣 Hetu-pratyaya
究竟樂 uttara sukha
如來 tathāgata
供養 pūjanā
懺悔 kṣama āpatti-pratideśana
慢 māna
邪網 mithyā-jāla

邪見 mithyā-dṛṣṭi
止觀 śamatha vipaśyanā
止 śamatha
觀 vipaśyanā
大悲心 mahā-kāruṇika-citta
利根 tīkṣa-indriya
業 karma
平等 sama
圓滿 paripūrna
法 dharma
義 artha
佛心 Buddha-citta
眾生 sattva
佛 Buddha
天 deva
人 manuṣya
阿修羅 asura
餓鬼 preta
畜生 tiryagyoni
地獄 naraka
緣覺 pratyeka-buddha
一切法 sarva-dharma
無量功德 apramāṇa-guṇa
如來地 tathāgata-bhūmi
法界 dharma-dhātu
眼 cakṣur
耳 śrotra
鼻 ghrāṇa
舌 jihvā
身 kāya

意 mana
色 rūpa
聲 śabda
香 gandha
味 rasa
觸 spraṣṭavya
假名 prajñapti
無實 abhūta
念 smṛti
隨順 anusārin
究竟 uttara
有 bhava
不空 aśūya
取 upādāna
如來藏 tathāgatagarbha

阿梨耶識 ālaya-vijñāna
如來平等法身 tathagata-sama-dharmakāya
覺 bodhi
聲聞乘 śrāvaka
緣覺乘 pratyekabuddha
苦 duḥkha
集 samudaya
滅 nirodha
道 mārga
四諦 catvary ārya-satyāni
十二因緣 dvādaśāṅgapratītya-samutpāda
十住 daśabhūmika
十回向 daśapariṇāma
捨 upekṣā
第七末那識 manas-vijñāna

第六意識 mano-vijñāna
十地 daśabhūmi
念住 smṛty-upasthānāni
法雲地 dharma-meghā
方便 upāya
一念 eka-citta
修多羅 sūtra
無明 avidyā
無始 anādi
生 jati
住 sthiti
異 paraspara
不思議業 acintyakarma
法身 dharmakāya
心境界相 nimitta bhaga

因 hetu
熏習 vāsanā
無漏 anāsrava
出離 naiṣkramya
不空法 aśūyadharma
緣 pratyaya
能見相 darśana bhaga
樂 sukha
微塵 aṇu-raja
真如 tathatā
涅槃 nirvāṇa
寂滅 vyupaśama
解脱 vimokṣa
菩提 bodhi
心 citta

意識 manovijñāna
業識 karmajātilakśana
轉 pravṛtti
轉識 pravṛtti-vijñāna
現識 khyātivijñāna
五塵 pañcārthāḥ
取 upādāna
我 ātma
我所 mama-kāra
分別事識 vastu-prativikalpa-vijñāna
見 dṛṣṭi
愛 tṛṣṇā
識 vijñāna
執 abhiniveśa
相應 samprayukta

無學位 aśaikṣa
六度 ṣaṭ-pāramitā
不動地 acalā-bhūmi
善慧地 sādhumatī-bhūmi
分別 vikalpa
癡 moha
報身 saṃbhoga-kāya
化身 nirmāṇa-kāy
真如法 tathatādharma
我見 ātma-dṛṣṭi
精進 vīrya
眷屬 parivāra
四攝 catvāri-saṃgraha-vastūni
愛語 priya-ākhyāna
利行 artha-caryā

同事 samānārthatā
常樂我淨 nitya-sukha-atma-subha
常 nitya
淨 subha
慈 maitrya
悲 karuna
波羅蜜 pāramitā
劫 kalpa
第一義諦 paramārtha-satya
世諦 saṃvṛti-satya
施作 prajñāpti
應身 nirmāṇa-kāya
分齊 pravibhāga
五陰 pañca-skandha
畢竟空 atyanta-śūnyatā

生死 saṃsāra 或 jāti-maraṇa
三界 trayo-dhātavaḥ
欲界 kāma-dhātu
色界 rūpa-dhātu
無色界 arūpa-dhātu
外道 tīrthaka
智 jñāna
趣 gati
十善 daśa-kuśala-karmāni
正法 sad-dharm 或 śukla-dharma
三十二相 dvātriṃśan mahā-puruṣa-lakṣaṇāni
八十種好 aśīty-anuvyañjanāni
摩尼寶 maṇi
讚歎 varna

三寶 tri-ratna
隨喜 anumodana
無餘涅槃 nirupadhiśeṣa-nirvāṇa
有餘涅槃 sopadhi-śeṣa-nirvāṇa
恐怖 bhaya
轉法輪 dharma-cakra-pravartana
阿僧衹劫 asaṃkhya
嗔 pratigha 或 dveṣa
種性 gotra
惱 pradāśa
亂 vikṣepa
無上正等正覺 anuttarā-saṃyak-saṃbodhi

一切種智 sarvathā-jñāna
色究竟處 akaniṣṭha
懺 kṣama
悔 āpatti-pratideśana
地水火風 pṛthivī- ab- tejo- vāyu
不退 avinivartanīya
一行三昧 ekavyūha-samādhi
空 śūnyatā
無相 animitta
無願 apraṇihita
授記 vyākaraṇa

# 主要參考文獻

1 唐實叉難陀：《新譯大乘起信論》
2 陳智愷：《起信論一心二門大意》
3 隋曇延：《大乘起信論義疏》
4 隋慧遠：《大乘起信論義疏》
5 唐法藏：《大乘起信論義記》
6 唐法藏：《大乘起信論義記別記》
7 唐曇曠：《大乘起信論略述》
8 宋子璿：《起信論疏筆削記》
9 明德清：《大乘起信論直解》

10 明智旭：《大乘起信論裂網疏》
11 清續法：《起信論疏記會閱》
12 圓瑛：《大乘起信論講義》
13 倓虛：《大乘起信論講義》
14 慈舟：《大乘起信論述記》
15 印順：《大乘起信論講記》
16 宣化：《大乘起信論淺釋》
17 ［日］湯次了榮：《大乘起信論新釋》，豐子愷譯
18 蕭萐父：《大乘起信論》

# 後記

筆者從一九八八年開始接觸中國哲學史，一九八九年考入武漢大學哲學系，三十年來一直從事中國傳統思想文化的學習和研究，對中國傳統思想文化有深厚的感情，不僅將其作為學術研究的對象，也結合自心修養，探究中國傳統哲學內在蘊含的教誨與甚深智慧。

個人對《大乘起信論》的研讀始於二〇〇六年。那一年我考入南京大學哲學系，跟從洪修平教授攻讀博士學位，開始將中國佛教思想文化作為自身學術研究方向。攻讀博士學位期間，洪修平教授為我們開設了中國佛教文獻選讀課程。在課上，我們跟從洪老師一起研讀《肇論》《大乘起信論》《六祖壇經》等經典，對《大乘起信論》進行了逐字逐句的研習。博士畢業後，個人在高校開設「佛教經典與傳統文化」通識核心課程，《大乘起信論》是該課程教學內容之一。在《大乘起信論》學習、教學課程中，深深感受到《大乘起信論》對大乘佛教義理進行了全面系統而又簡明扼要的闡述，加之該論義趣符合中國傳統思想觀念及思維方式，對該論非常喜愛。在對該論的多次教學過程中，也注意結合當代大學生實際，力圖從當代語境出發，對《大乘起信論》思想內容進行簡明扼要的介紹，希望學生通過《大乘起信論》的學習，對佛學精要有一個總體的把握。

二〇一二年，承蒙學友黃總舜的推薦，譯解《大乘起信論》，擬編入「正法眼藏」叢書，因此有幸參考古今中外《大乘起信論》代表性注釋、講説，精心研習該論，於中得益甚多甚深。惜該套叢書後來未能如願出版。

本書導言部分對《大乘起信論》結構、主要論題作了系統梳理和簡明介紹，正文關於《大乘起信論》的注釋、譯解，參考了多家注釋、講説版本，力圖從佛教原意斟酌，進行簡明、平實的闡述。書中不足之處，敬祈方家指正！

二〇一八年，該書納入香港中華書局出版計劃。藉此機會，我對《大乘起信論譯解》做了認真訂正，並更名為《〈大乘起信論〉導讀》。感謝智清法師為本書使用的主要名相術語編寫了梵文對照表！同時也感謝促成該書出版的所有師長、朋友！

陳紅兵

二〇一九年元月

# 大乘起信論導讀

陳紅兵 著

責任編輯 許穎
裝幀設計 霍明志
排版 楊舜君
印務 劉漢舉

**出版**
中華書局（香港）有限公司
香港北角英皇道四九九號北角工業大廈一樓 B
電話：（852）2137 2338
傳真：（852）2713 8202
電子郵件：info@chunghwabook.com.hk
網址：http://www.chunghwabook.com.hk

**發行**
香港聯合書刊物流有限公司
香港新界大埔汀麗路三十六號
中華商務印刷大廈三字樓
電話：（852）2150 2100
傳真：（852）2407 3062
電子郵件：info@suplogistics.com.hk

**印刷**
美雅印刷製本有限公司
香港觀塘榮業街六號海濱工業大廈四樓 A 室

**版次**
2019 年 5 月初版

**規格**
16 開（230mm×170mm）

**ISBN**
978-988-8572-66-3